“トークの帝王”ラリー・キングの
How to Talk to Anyone,

伝え方の
Anytime, Anywhere,
極意

ラリー・キング
Larry King

Discover

〝トークの帝王〟ラリー・キングの伝え方の極意

How to Talk to Anyone, Anytime, Anywhere
by
Larry King
with Bill Gilbert

This translation published by arrangement with Crown Publishers,
an imprint of the Crown Publishing Group,
a division of Penguin Random House LLC
through Japan UNI Agency, Inc., Tokyo

長年、私の代理人《エージェント》を務めてくれた大切な友人、ボブ・ウルフに捧ぐ。

はじめに——「伝え方」は誰でも身につけられる

私は幼い頃から話すことを楽しんできた。伝えることは人生の喜びである。

ニューヨークのブルックリンで過ごした幼少期、私はブルックリン・ドジャース（現ロサンゼルス・ドジャーズ）を熱狂的に応援していた。

当時、私は1人で球場の外野席に座り、試合を〝生中継〟した。そして、試合が終わると友達を集めて、もう一度、最初から、試合の様子を再現した。

子どもの頃からの親友で、現在はプロ交渉人のハーブ・コーエンは、当時の私のエピソードをよく次のように披露している。

「ラリーが見に行ったドジャースの試合が2時間10分で終了したとします。すると彼は、球場から帰ってから2時間10分、その試合の解説をするんですよ」

私は長年、伝えることを仕事にしてきた。

25年続いたCNNのトーク番組『ラリー・キング・ライブ』は、毎日1時間の生放送トーク番組だ。ゲストは日替わりだから、毎日違う相手と1時間おしゃべりを続けなくてはならない。

番組で私は、さまざまな分野のセレブと呼ばれる人々と話してきた。

「他のテレビ番組なら出るつもりはない。『ラリー・キング・ライブ』だから出演した」

そう言ってくれた出演者も少なくなかった。ほんの一部しかご紹介できないが、出演者の名前を挙げておこう。

歴代のアメリカ大統領――ニクソン、フォード、カーター、レーガン、ブッシュ、クリントン、オバマ。

海外の要人――ミハイル・ゴルバチョフ、ダライ・ラマ、ネルソン・マンデラ、アラファト議長、ロシア大統領プーチン。

アーティスト――マドンナ、エリック・クラプトン、ポール・マッカートニー、スティング、レディ・ガガ。

スポーツ選手――マイケル・ジョーダン、タイガー・ウッズ。

俳優たち――トム・クルーズ、ロバート・デ・ニーロ、クリント・イーストウッド、トム・ハンクス、アンジェリーナ・ジョリー。
実業家――ビル・ゲイツ、ドナルド・トランプ。日本からは、トヨタ自動車の豊田章夫社長に出演していただいたこともあった。

彼らは、実に率直に自分のことを打ち明けてくれた。それは多くの視聴者にとっても贅沢な時間だったはずだ。番組がギネスブックに掲載されるほど長く続いたのは、そのおかげだと私は思っている。

誰でも、どんな相手とでも、上手に話せるようになれる――私はそのことを知っている。

本書を読めば、あなたも、緊張せずに、自信を持って、自分の考えを効果的に伝えることができるようになる。そして、今よりずっと会話を楽しめるようになるはずだ。

本書では、私がこれまで実践してきた「伝え方の極意」をすべて披露するつもりだ。

会議から、結婚式、ディナー・パーティまで、あらゆる場面を網羅して、実例を挙げながら詳しく解説している。

『ラリー・キング・ライブ』をはじめとする、テレビやラジオの番組のゲストたちから、私が学んだこともまとめている。私の経験や失敗談も隠さずに書いたので、ぜひ参考にしてもらいたい。

会話はコミュニケーション手段の中で最も重要なものだ。私たちは、言葉で伝えるからこそ、人間なのである。

人は平均して1日に1万8千語（日本語で約3万〜4万文字相当）を話すと言われている。それだけ話しているのだから、伝え方上手になる努力はあなたの人生を変えるだろう。

さあ、今すぐページをめくろう。

ラリー・キング

〝トークの帝王〟ラリー・キングの伝え方の極意　もくじ

第3章　初対面でも緊張しない「会話の続け方」

第4章 パーティで気後れしない「社交の会話術」

第5章 仕事で結果を出す「ビジネス会話術」

第6章 聞き手を魅了する「達人のスピーチ術」

第9章 テレビ・ラジオで生き残る「メディアでの話し方」

第1章

Talk101

いつ、誰にでも通用する「たった1つの大原則」

大切な原則を頭に入れておこう。
テクニックはその後だ。

私は話すことを仕事にし、それを楽しみながら成功を収めることができた。
「ラリー・キングならおしゃべりは楽しいだろうさ。何しろ〝トークの帝王〟なんだから……」

そう思う人もいるかもしれない。確かに、私は才能にも恵まれたと思う。だが、一度も失敗せずにここまで来たわけではない。最初は失敗ばかりだったし、これまでの長いキャリアを通じて、より上手に伝えられるように、努力を続けてきたつもりだ。伝えること・話すことは、ゴルフや車の運転、店の経営と同じようなものだ。**続ければ続けるほどうまくなり、より楽しめるようになる。**

何事も、楽しめるようになるには、まずは基本を押さえて、努力する必要がある。才能を開花させるには努力が必要なのだ。努力によってのみ、才能は技術に変えることができる。

誰でも緊張する——私だって無口になった

もし、あなたが１９５７年５月１日の朝、マイアミ・ビーチのラジオ局の壁にとま

るハエだったなら、私のラジオデビューを目撃して、こう確信したはずだ。

「コイツがアナウンサーになるなんて絶対に無理だ。成功するなんてありえない」

そこはWAHRという小さなラジオ局。通りを挟んだ向かいには警察署があった。私はラジオの世界に潜り込みたくて、雑用を引き受けながら、もう3週間もラジオ局の中をうろうろしていた。

マーシャル・シモンズ局長は、私の声を気に入ってくれた。しかし、仕事の空きはなかった。でも、私は諦めなかった。

「チャンスが来るのを待たせてください」

そうお願いすると、局長はこう言ってくれた。

「わかった。仕事の空きができたら、その仕事をお前にやるよ」

私は毎日ラジオ局に通い、DJがトークをしたり、ニュースキャスターがニュースを読みあげたり、スポーツキャスターが試合結果をレポートする様子を見学した。誰かが放送で使ってくれないかと、ちょっとした記事を書いてみたりもした。

そんな日々が3週間続いたある日、午前担当のDJが突然仕事を辞めることになったのだ。金曜日、シモンズ局長は私を部屋に呼んで、こう告げた。

「お前に仕事をやる。月曜の朝9時からだ」

突然、私は自分の番組を持つことになった。毎日、午前9時から正午までだ。さらに、午後5時まではニュースとスポーツを担当する。週給55ドルだ。


週末はひたすらトークの練習を続けた。少しも眠ることはできなかった。


5月1日月曜日の朝8時半、私はほとんどノイローゼ状態だった。口と喉が渇いて、コーヒーと水を交互に飲み続けた。

9時には番組が始まる。シモンズ局長が「がんばれよ」と激励《げきれい》の言葉をかけてくれた。

「名前はもう決めたのか？」局長は私に質問した。

「何の話ですか？」

「ラリー・ザイガーなんて、誰にも覚えてもらえない。本名じゃダメだ」

局長のデスクの上にはマイアミ・ヘラルド紙が広げてあった。ちょうど、キング酒《リカー》販売店の全面広告のページが開いていた。局長はその広告に目を落とすと、あっさりとこう言った。

「ラリー・キングはどうだ?」

「いいですね」

「よし。ラリー・キングで決まりだ。番組名は『ラリー・キング・ショー』だな」

こうして私は、新しいラジオ番組と新しい名前を手に入れた。

私はスタジオに入った。おおぜいのラジオリスナーに『ラリー・キング・ショー』をお届けするのだ。私の口はカラカラに乾いていた。

テーマ曲のレコードに針を落とした。小さな局だから、DJがエンジニアを兼任しなければならないのだ。音楽が流れ始める。しばらくして、ボリュームを絞り、トークを始めようとした。だが、私の口からは何の言葉も出ない。

しかたなく再び音楽のボリュームを上げた。そして、もう一度ボリュームを下げた。それでも私の口からは言葉が出てこなかった。

それを3回繰り返した。リスナーの耳に届いているのは、ボリュームが上がったり下がったりしているレコードの音楽だけだ。

「ぼくが間違ってた。友達相手にペラペラしゃべるだけの人間が、プロとしてやるなんて無理だったんだ……」

シモンズ局長が爆発した。ドアを蹴り開けてコントロール・ルームに入ってくると、大声で一言、私に言った。

「お前の仕事はしゃべることだぞ!」

そしてくるりと背を向け、後ろ手でドアを叩きつけて部屋を出ていった。

その瞬間、私はマイクに顔を寄せ、プロとしての最初の言葉を発した。

「グッド・モーニング。今日が私のラジオデビューです。ラジオ出演が私の夢でした。この週末はずっと練習していたんですよ。15分前には新しい名前をもらいました。テーマソングも準備しました。でも私の口はカラカラなんです。緊張してしまって……。たった今、局長がドアを蹴り開けて『お前の仕事はしゃべることだぞ』と怒鳴って出て行きました」

なんとかこれだけのことを口にした。するとトークを続ける度胸が湧いてきた。
私のキャリアはこんな風に始まった。あの日以来、私はラジオで緊張したことはない。

自分らしく、正直に——これこそが伝え方の大原則だ

その朝、私は大切な原則を学んだ。それは「自分らしく、正直に」ということだ。
正直でいれば、それが力になる。大失敗することはない。
私の大先輩にあたるラジオ・パーソナリティ、アーサー・ゴッドフリーもこう言っていた。
「自分が体験していること、自分が感じていることを正直に話し、視聴者と共有するのが大切だ」

その後、私はテレビのトーク番組の司会者としてデビューすることになるのだが、
実は、その時も、ラジオデビューの時とまったく同じ体験をした。
「テレビへの初出演だ！」——そう考えるだけで、私は不安になってしまった。

プロデューサーが私に用意してくれたのは回転椅子だったが、これがとんでもない間違いだった。緊張のあまり、私の体は椅子ごと左右に回転し続けたのである。私がグラグラしているのは視聴者に丸見えだった。

私は自分の直感に従うことにした。自分が置かれている状況をそのまま視聴者に伝えることにしたのだ。

私はこう話した。

「緊張しています。ラジオは3年間やってきましたが、テレビは初めてなんです」

こうして正直に話すと、緊張感は消えてなくなった。**自分の状況を正直に話せば、緊張することなどない**のである。

先日、ある人にこんな質問をされた。

「君がNBC放送の廊下を歩いてたとする。いきなり腕をつかまれて、スタジオの椅子に座らされ、原稿を渡されて『トム・ブロコウ（NBCの看板ニュースキャスター）が病気なんだ。代役を頼んだぞ』と言われる。そしてライトが当たる。さあ、どうする？」

「すべて正直に話すでしょうね」と私は答えた。

「目の前のカメラを見て、こう言いますよ。『廊下を歩いていたら、突然原稿を渡されました。代役を頼まれたのです』とね」

こうして正直に話せば、番組の段取りを知らないこと、手元にあるのは不慣れな原稿であること、どのカメラを見るべきかもよくわかっていないこと……そうした状況のすべてを視聴者に伝えることができる。

正直であることで私は視聴者と運命共同体になれるのだ。自分の状況を正直に話し、最善を尽くしていることを理解してもらえば、一緒に苦境を乗り切れるのである。

苦境にあることを正直に伝える方が、下手に隠そうとするより、ずっといい結果が得られる。これは覚えておいて損はないだろう。

努力を続ければ、必ずうまくなる！

話がうまくなるには「積極的に話す努力を続ける」という、前向きな姿勢が大切である。

私も、ラジオ局での無様なデビュー以来、この教えを忠実に守っている。〝マイク恐怖症〟の発作を教訓に、私は次の２つを心に決めたのだ。

私の決意1　いつも積極的に話す
私の決意2　伝え方の練習を続ける

具体的には何をしたかって？　できることは何でもやった。
朝番組の司会をした。
天気予報をやった。
スポーツキャスターの代役を務めた。
ビジネス・レポートをやった。
ニュースキャスターもやった。
スピーチもした。
誰かが休みを取りたいと言ったら、休日返上で代役を買って出た。
とにかく、少しでも長い時間話すことができるように、私は、ありとあらゆる機会に飛びついた。

私には、トークの仕事で成功するという目標があった。だから、天才バッター、テッド・ウィリアムズのやり方を取り入れることにしたのである。

テッドは、自分が必要だと思えば、いつでも練習を追加した。だから私も追加の〝バッティング練習〟にひたすら取り組んだのである。

そう、**話すこともバッティングのように練習できる**のだ。方法はいろいろとある。

自宅で声を出して話すこともそのひとつだ。私は今でもやっている。

私は今、独り暮らしだから、時には、頭に浮かんだことを口に出してみたり、講演や自分の番組で話すことを練習したりする。誰に聞かれるわけでもないから、恥ずかしくもないわけである。

独り暮らしでなくても、同じことはできる。１人で部屋にこもってやればいいのだ。地下室に行ってもいいし、車を運転している時間を利用してもいい。そうやって声を出して話す練習をすればいいのである。

「鏡の前で、自分に向かって話す」というのもよい方法だ。これは特にスピーチの技術を高めるために有効だ。

これは日常会話にも効果がある。目の前の人（すなわち、鏡に映る自分自身の姿）が自動的に目に入るので、アイコンタクトを取りながら話す練習ができるからだ。

もうひとつ話し方を練習する方法を紹介しよう。

その方法とは**「犬や猫、鳥、金魚に話しかける」**というものである。ペットに話しかけるというのは、実に素晴らしい練習方法だ。何しろ、途中で反論される心配がないのだから。

相手に敬意を示せ——身を乗り出して、質問せよ

話し上手になるには、さらに2つの守るべき鉄則がある。

「相手に興味を示す」ということと「自分のことを率直に語る」ということだ。

鉄則1 相手に興味を示す

これは、話し相手に、心から興味を持つという意味である。

CNNの私のトーク番組『ラリー・キング・ライブ』を見れば、私がゲストに関心を持っているということを、すぐに感じるはずだ。

私は必ず**ゲストの目を見て話す**ようにしている。そして、ゲストに向かって身を乗り出して、彼ら自身についての質問をする。

番組に招いたゲストには、敬意を持って接するのが私のポリシーだ。それは相手が、大統領であれ、殿堂入りアスリートであれ、『マペット・ショー』のカーミットとミス・ピギーであれ、変わりはない。

どんな人も、豊富な知識があって、話したくてたまらないテーマをひとつぐらいは持っている。**話をしている時には、相手の知識に対して敬意を示そう。**

相手に「この人は私の話に興味がないんだな」とか、「まったく敬意を払ってくれない」などと思われてしまっては、会話がうまくいくはずがない。

話している相手が自分に敬意を払っているかどうかは、必ずわかるものだ。あなたの敬意を感じれば、相手も熱心にあなたの話に耳を傾けるはずだ。

鉄則2 自分のことを率直に伝える

これは話している相手に素直な態度で向き合う、という意味である。

私が初めてラジオに出演した時、緊張していることをリスナーに打ち明けたエピソードを参考にしてもらいたい。

「己の欲するところを人に施せ」という黄金律は、会話にも当てはまる。相手に正直に話してほしいと思うなら、あなたも相手に対してそのように話すべきだ。**あなたが相手から聞きたいことは、あなた自身も積極的に相手に話すべき**である。自分の経歴や好き嫌いについて話すのは、会話におけるギブ&テイクである。私たちはそうやってお互いのことを知っていくのだ。

私と数分でも話をしたことがあるなら、私がブルックリン出身だということと、ユダヤ人だということを知っているはずだ。

なぜか？

それは、**私は知り合った人には必ず「自分の生い立ちの話」をする**からである。それが私という人間を構成する核だからだ。

私は自分がユダヤ人であり、ブルックリンで育ったことを誇りに思っている。だから、何かにつけ、自分の生い立ちにかかわることをしゃべることになる。それを伝えるのが楽しいのだ。

仮に、私が吃音《きつおん》症だったら、私はそのことを相手に伝えるだろう。「は、は、初めまして。わ、私はラリー・キングです。ご、ご覧の通り吃音症ですが、あ、あなたとお話しできてうれしいです」という具合に。これで、自分の状況を率直に伝えたことになる。

率直に伝えると、自分をよく見せる必要がなくなる。そうして初めて、自由に会話を楽しめるようになるのだ。相手の敬意を勝ち取ることもできる。

私はフロリダのテレビ番組で口蓋裂《こうがいれつ》の男性をゲストに迎えたことがある。彼の言葉は極めて不明瞭だったが、楽しそうに話してくれた。

彼は、言葉の面でのハンディを抱えながら、セールスマンの仕事で成功し、億万長者になった人物だった。


しかし、どうやって……？


彼は人と話す時に「あの人のしゃべり方はおかしい」という明らかな事実を隠そうとはしなかった。一切、自分をよく見せようとはしなかったのだ。

彼が成功したのは、口蓋裂である自分を受け入れることで、周りの人にもそうしてもらえるように努力したからである。

自分らしく、正直であることは、人に力を与えてくれるのだ。

第2章

会話の達人に学ぶ「8つの習慣」

Eight Things the Best Talkers Have in Common

なんであれ、上達したいなら
達人のマネから始めることだ。

成功する人は伝え方がうまい。その逆もまた真実である。

そして、**上手に伝える能力は努力と練習で誰でも身につけられる**ものである。


自分の考えを、相手に伝えられない成功者がいるだろうか？　私がこれまでにインタビューした数万人の中には、そんな人物は一人もいなかった。

もちろん世間話が苦手な人はたくさんいる。スピーチが苦手な人も多い。普段は無口な人も珍しくない。

しかし、どんなに口下手な人だとしても、**成功するためには、必ず人に何かを伝える必要がある。**普段はあまり口を開かない人でも、必要な場面では、きちんと自分の考えを伝えて成功をつかんだのだ。


この章では、普段の会話について考えてみよう。

会話の達人にはいくつかの共通点がある。それを学んで、自分の習慣として取り入れれば、あなたも伝え方上手になれるはずだ。

第1の習慣
達人は「独自のものの見方」をする

これこそが「会話の達人」の最大の共通点だ。

フランク・シナトラ（１９１５～１９９８。20世紀の代表的歌手）がそうだった。

彼は最高のゲストである。それは、シナトラがスーパースターだからではない。彼の音楽に対する深い造詣《ぞうけい》に触れることができるからである。

彼は歌手という自分の仕事を追求し、新しいものの見方で思いがけない発見を引き出している。

私はあるプライベートなディナー・パーティでシナトラの隣に座ったことがある。そのパーティは著名な作詞作曲家アーヴィング・バーリンの追悼パーティで、シナトラはバーリンの名曲「リメンバー」を披露することになっていた。

「リメンバー」は私が子どもの頃に大ヒットした甘く優しいラヴソングだ。シナトラはこう言って私を驚かせた。

「私はこれまで、この曲をバラードとして歌ってきましたが、今日は違ったスタイルで歌います。『リメンバー』は、実は悲痛な思いを歌った曲なんです」
私は「リメンバー」の歌詞を頭の中で暗唱してみた。

あの夜を覚えているかい
君が「あなたを愛してるわ」と言ったあの夜を
覚えているかい?

覚えているかい　君は愛を誓った
満天の星の下で
覚えているかい?

フランクは言葉を続けた。
「この歌は怒っている男の歌なんですよ。だから今晩は違ったスタイルで歌います。激しさを込めてね」

彼はその言葉通りに「リメンバー」を歌い上げた。彼の「リメンバー」の解釈は、他のどの歌手もしたことがないものだった。

シナトラは誰もが知っている名曲を新しい角度で見ることによって、その夜のパーティのゲストたちの会話をおおいに盛り上げた。

シナトラの言葉は、その後ずっと私の頭に残っている。あれから「リメンバー」を耳にするたび、以前とは違った想いを抱くようになった。

このように、**人の〝ものの見方〟を変えてしまう人こそが〝話し上手〟と言える**のである。

第２の習慣　達人は「他人から学ぶ努力」をする

ニューヨーク州知事マリオ・クオモ（１９８３〜１９９５在任）もディナーのゲストとしては最高の人物だが、彼の息子のアンドリュー（現ニューヨーク州知事）も父親に引けを取らない。

アンドリューは「相手に興味を持ってもらうためには、まず自分が相手に興味を持

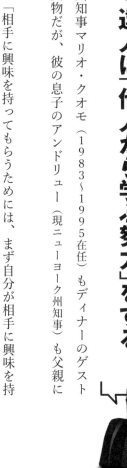

たなければならない」と説いたデール・カーネギー（『人を動かす』著者）の言葉どおりの人物である。

私は最近、マリオ・クオモ知事と電話で話す機会があった。

「息子さんとはワシントンで時々会うのですが、彼と話をするのはとても楽しい。実に知識が豊富で幅広いのですね」

すると知事からは「それにはわけがあるんですよ」という言葉が返ってきた。

「息子の祖父母は４人とも、彼が30歳になるまで健在だったんです。今も２人は元気にしていますがね」

知事の話では、アンドリューは子どもの頃から、祖父母に対して、思いやりを持って接していたという。彼らに話しかけ、質問をし、昔話に耳を傾けていた。

20世紀初頭生まれの４人の祖父母は、馬や荷馬車の時代を生きた人だ。電気もなければ、ラジオもない。今では撲滅された伝染病が、命取りだった時代だ。学校に通うのはせいぜい２、３年程度。ニュースは噂で伝わってくる――そういう時代だった。

ここで私が伝えたいのは、アンドリューは周囲の人の話に耳を傾けながら成長し、大人になってからもその習慣を続けている、ということである。こうして、**人の話を**

聞く習慣を身につけ、幅広い分野について学んできたからこそ、会話の相手を楽しませることができるのである。

「旅をすると視野が広がる」とはよく言われるが、好奇心を持って人の話を聞けば、家にいたって視野を広げることができるのだ。

私の母は、父が亡くなった後、私と弟の世話をする年配の女性を見つけ、自分は働きに出た。母が働いてくれたおかげで、私たちはなんとか食べていくことができた。そのお手伝いの女性は80代だった。彼女の父親は北軍の兵士として南北戦争で戦い、彼女自身も幼い頃にリンカーンを見たことがあると言っていた。

言ってみれば、当時の私も別の時代のアメリカを見る〝窓〟を持っていたわけである。ここで私が強調したいのは、子どもの頃、**祖父母や周りのお年寄りと一緒に過ごした時の記憶は大切にとっておいた方がいい**、ということである。

この相手というのはお年寄りには限らない。大切なのは、自分とは違うバックグラウンドの持ち主と話をすることで、話題を増やし、思考の幅を広げることにある。

第3の習慣 達人は「仕事への情熱」を語る

私が放送業界でそれなりの成功を収めることができた理由は、私が仕事を楽しんでいることが見ている人に伝わったからだと思う。

自分の仕事を心から楽しんで、その仕事への情熱を他人に伝えることができれば、あなたが成功する可能性はずっと高まるはずだ。

実際、私はそういう成功者をたくさん見てきた。

例えば、ロサンゼルス・ドジャース監督トミー・ラソーダ（１９７６年から20年間ドジャース監督を務めた）。彼は、１９８１年のプレーオフで惨敗を喫した翌日に私のラジオ番組に出演してくれた。

彼は、負けたチームの監督には見えなかった。

「なぜ、そんなに前向きでいられるのですか」と質問すると、彼はこう答えた。

「俺の人生で一番いい日は、勝ったチームの監督をやっている時だ。次にいい日は、負けたチームの監督をやっている時なんだよ」

こんな人物は、番組のゲストに大歓迎だ。自分の仕事に対して並々ならぬ熱意を持っていて、それを伝えようとするからである。

仕事への情熱があり、その情熱を人に伝えようとする気持ちがあるからこそ、彼らは話がうまいのだ。

もちろん、ラソーダ監督のような仕事を得る幸運に、誰もが恵まれるわけではない。もし、あなたが今の仕事にどうしても夢中になれないなら、仕事以外で夢中になれること（子ども、趣味、慈善活動、読み終えた本など）でもいい。そのことに対して**自分が感じている情熱を会話で伝える**ようにするのだ。

自分が夢中になっていることについて話し、その熱意の理由を相手に納得してもらえたなら、あなたは話し上手になれたということである。

第４の習慣　達人は「会話のボール」を返す

会話を気持ちよく続けるには、自分の考えを伝える必要がある。しかし、あなたば

かり長く話し続けるのはＮＧだ。

会話はキャッチボールだ。自分がボールを持ったら、相手に投げ返すことで楽しく続けることができる。

「あなたは？」と相手に質問し、会話のボールを返すことを忘れないようにしよう。

第5の習慣 達人は「好奇心が旺盛」だ

話のうまい人は、好奇心が旺盛だ。あらゆることに興味を持つからこそ、人の話をよく聞いて、広い視野を手に入れるのである。

彼らは、質問がうまい。そうやって常に新しいことを学ぶのだ。

第6の習慣 達人は「深く共感」する

話していて一番楽しい相手、それは「共感してくれる人」だ。自分の言葉を受けとめてくれる、さらに、言葉にならない気持ちもわかってくれる、そう感じられる相手

である。

就職が決まったことを話したら「ああ、そうなの」ではなく「ほんと？　よかったね！」と言ってもらいたいではないか。

共感を伝えるのは、難しいことではない。**自分が誰かに言われたら、うれしいと思える言葉を返せばいい**のだ。

テレビでおなじみの司会者を例に取れば、オプラ・ウィンフリー（ラリー・キングと並ぶアメリカを代表するトーク番組司会者）は相手に共感し、それを相手に感じさせる名人だ。オプラは共感を示すことで、ゲストに腹を割って率直に話をさせている。

私はこうした能力のある司会者を「共感者（commiserator）」と呼んでいる。例えば、「私は水ぼうそうにかかっている」と話すと、彼らは共感し、励ましてくれる。

ゲストに興味があり、意見を聞きたがっていることがよくわかる。視聴率が取れるセンセーショナルな話をさせようとしているのではないことが、ゲストにも視聴者にも伝わるのだ。

第7の習慣 達人は「自然なユーモア」を出せる

私はスピーチでは「あまり長い間、まじめな話をしない」ことを心がけている。会話でも同じことが言える。むしろ、会話でこそ注意した方がいいだろう。

何事もそうだが、ユーモアも無理やりでは効果がない。**無理におもしろいことを言おうとすると逆効果**だ。

俳優のアル・パチーノは自然なユーモアセンスを持っている。彼は映画「ゴッドファーザー」のコルレオーネ役などシリアスな演技で評価される人物だが、普段はユーモアにあふれている。

１９９４年１月、ロサンゼルス地震の数時間後、私は、アル・パチーノや司会者のウォルター・クロンカイト、元サッカー選手のペレと一緒に、ロサンゼルスのホテルのロビーで語りあっていた。前日、ケーブルテレビの授賞式に出席したのでロサンゼルスに滞在していたのだ。

私たちは、地震が起きた時に自分がどうしたかを話し合った。みんな動揺していた。私もそうだった。

その場でアル・パチーノは肩をすくめてこう言った。

「ぼくはニューヨーク出身だからね。爆弾が落ちたかと思ったよ」

まじめなコメントだった。でも、それを聞いた私たちは爆笑してしまった。

日頃から危険と隣り合わせの街で暮らしているせいか、ニューヨーカーはものごとに対して独特の反応で危険を受け流すところがある。アル・パチーノもそういうニューヨーカー独特の反応をしたのである。


コメディアンのジョージ・バーンズ（１８９６～１９９６）のユーモアセンスも独特だ。

例えば、パーティで医者が話題になったとする。そこで、もうじき１００歳になるジョージに、最近の医者についてどう思いますかと質問すると、彼はこう答えるのだ。

「私は毎日10本葉巻を吸って、昼食でマティーニをダブルで２杯飲む。夕食でも２杯だ。それに、自分よりもずっと若い女性と遊び回っている。『かかりつけのドクターに何も言われないんですか？』とよく質問されるんだけどね……」

そこでジョージはテーブルをぐるりと見回して、さりげない調子で言うのだ。

「私のドクターは10年前に死んでしまったよ」

これがジョージ・バーンズだ。

ジョージの話がおもしろいのは、ユーモアあふれる話を会話にねじ込んだりしないからでもある。ドクターのエピソードにしても、自然な流れで話したにすぎない。

「みなさん、これから、とっておきのおもしろい話をしましょう」などと言ったら興ざめだ。あまりにも無理やりで、会話の流れを断ち切ってしまうからだ。

ユーモアで大事なのはこの点である。**ユーモアは自然な流れで会話に取り入れる**ようにしよう。

プロのコメディアンはよく「タイミングがすべて」と言う。ジョークを披露するために会話の流れを完全に止めてしまうのは最悪なのだ。

たとえ今日、最高のジョークを仕入れたばかりだとしても、それを言うために人の話をさえぎってはいけない。

第8の習慣　達人は「自分独自のスタイル」で話す

話がうまい人は、それぞれ独自の伝え方のスタイルを持っている。スタイルはいろいろあるが、大切なのは「自分独自のスタイル」ということだ。

伝え方のスタイルについて考えると、20世紀後半に最も成功した4人の法廷弁護士が頭に浮かぶ。彼らが成功したのは、それぞれ**自分に適したスタイルを見つける**ことができたからである。

エドワード・ベネット・ウィリアムズは静かに小さな声で話すスタイルだった。彼の話を聞くには、彼の方に身体を向け、集中しなければならなかった。その効果は抜群だった。聞き手は彼の一言一言にしっかり耳を傾けた。

パーシー・フォアマンは論点をざっくり要約しながら話した。短いスピーチをつなぎ合わせるようなスタイルである。他の人がまねしてもうまくいかなかっただろうが、彼には合っていたので人の感情に訴えることができた。

ウィリアム・クンスラーは重々しく、言葉に怒りを込めた。彼のスタイルは、ウィリアムズやフォアマンとはまったく違うもので、2人がまねしても絶対にうまくいかなかっただろう。しかし、クンスラー自身にはとても合っていた。

ルイス・ナイザーは事実を積み上げ論証するスタイルだった。ウィリアムズは劇的な効果を狙い、フォアマンは感情に訴え、クンスラーは怒りに訴えたが、ナイザーは論理に訴えたのである。

成功した4人の弁護士を比べてみると、人はさまざまなスタイルで成功できることがわかる。要は、**自分に合ったスタイルを見つけて、それを磨けばいい**のである。

私自身のスタイルを質問されることもあるが、自分のスタイルを説明するのは意外と難しいものだ。

客観的に見ると「熱心で、好奇心にあふれ、切り替えが速い。時に攻撃的になり、時にゆったりとかまえる」というのが私のスタイルだと思う。司会者としては、おそらく他の誰よりも「なぜ？」と質問するのではないだろうか。

最後に――達人は「黙るべき時」を見極める

あなたがどんなに話がうまくても、沈黙を守った方がいい時もある。

話したくてうずうずしていても、本能が「今は黙っていろ」とささやいているなら、その声に従うべきだ。

第3章

Breaking the Ice

初対面でも緊張しない「会話の続け方」

相手が大統領だって問題ない。
会話が続く秘訣がある。

誰でも初対面の相手には緊張する——私もそうだ

たいていの人は恥ずかしがり屋だ。私だって、そうである。嘘じゃない。

初対面の相手に、緊張しないベストな方法を教えよう。自分が緊張していることに気づいたら、こう自分に言い聞かせればいいのである。

「この人だってズボンをはくときは片足ずつなんだ」

アメリカでは昔からよく言われるありふれた決まり文句だ。この言葉は、私たちはみんな同じ人間だということを教えてくれる。

そう、目の前の相手が大学教授だろうが、宇宙飛行士だろうが、州知事だろうが、特別な人間だと思う必要などないのである。

これだけは覚えておこう。**相手が会話を楽しむかどうかは「あなた自身が会話を楽**

しんでいることを相手に伝えられるかどうか」にかかっている。相手が自分より上だとか下だとかは関係ない。

私たちはみんな似たようなものだ。ケネディやロックフェラーのような名家の出身でもない限り、富や権力を最初から手にしている者などいない。中間層や低所得層の家庭に生まれる人が大半なのである。

自分が相手ほど金も名声もなかったとしても、たいした違いはない。言ってみれば、兄弟のようなものだ。そういう相手に対して、劣等感を感じたり、怖気づいたりする必要はない。目の前の相手と対等な立場で話せばいいのだ。

「この人も自分と同じぐらい恥ずかしがり屋で、緊張している」と考えて、自分を落ち着かせるのもよい方法だ。実際、それはほとんどの場合、真実なのである。ぜひ試してみてほしい。驚くほど効果があるはずだ。

相手の緊張をほぐしてあげよう

時には、自分よりもよっぽど緊張している相手に出会うこともある。

私は、ある元パイロットのことが忘れられない。彼は陸軍航空隊の「エース」、すなわち空中戦で多数の敵機を撃墜した戦闘機パイロットだった。

番組当日、私たちが出演を依頼した元パイロットがスタジオにやって来た。握手を交わした時、私は彼の手が汗ばんでいるのに気づいた。「初めまして」と言った彼の声は、聞き取れないほど小さかった。

彼が緊張しているのは明らかだった。いや、緊張などという生やさしいものではない。こんな人間に戦闘機の操縦桿《かん》を握らせるなんてとんでもないと思うほどガチガチの状態だった。

全国ネットのニュースを5分間流した後、夜11時5分に番組はスタートした。

私は元パイロットに最初の質問をした。

「なぜパイロットになることを志願したのですか？」

「さあね」

「でも、もちろん、飛行機の操縦はお好きなんでしょう？」

「ああ」

「飛行機の操縦が好きなのには、何か理由があるのですか？」

「いいや」

さらに質問を続けたが、返ってくる返事はすべて一言だけだった。

私は壁の時計を見上げた。11時7分。なのに、ネタは尽きてしまった。質問すべきことはもう何も残っていない。

その男は死ぬほど怯えていた。私だって途方に暮れていた。成す術もないまま、そこにいる誰もがこう考えていた。

「まだ50分もある。どうしよう……」

この時、私は直感に従うことを選んだ。私は元パイロットに質問した。

「今、頭上で5機の敵機が旋回していて、局の裏に戦闘機が置いてあると私が言ったら、戦闘機に乗り込みますか？」

「乗るよ」

「緊張したりしませんか？」

「しないさ」

「じゃあ、なぜ今は緊張しているんですか？」

「誰が聞いているのか、わからないからだよ」

「未知のことに対する恐怖というわけですね」

私たちは戦闘機の話はやめて、恐怖について話を始めた。

元パイロットの顔から緊張の色が消えた。それどころか、10分も経たないうちに、彼はトークのモンスターと化した。

「雲の中を戦闘機で突っ切ったんだ。機体を急角度で右に傾けてね！　翼の端に太陽の光が当たってキラキラ輝くのが見えたよ……」

深夜、元パイロットはスタジオから担ぎ出されていった。彼はまだ話し続けていた。


第2次世界大戦のエースの口がほぐれたのは、**怯えていることを指摘され、それを彼自身が認めたことで、恐怖を克服することができた**からだ。

番組の最初、彼は自分が何を聞かれるのかわからなかった。インタビューがどう展開していくのかわからないということに、彼は恐怖を感じていたのだ。

だが、私が話を現在のことに向けると、彼には怖がる理由がなくなった。その瞬間に、今自分が感じていることについて話すだけでよくなったからだ。そうやって話しているうちに、彼の緊張は解け、通常の状態にまで自信を回復することができた。それが確認できたので、私は過去のことに話を戻せたわけだ。

このエピソードには、あなたが初対面の人と会話を続けるヒントが隠されている。

そう、相手の緊張をほぐしてやればいいのである。

そのためには、**彼ら自身に関する質問をする**のがいい。そうすれば、会話が途切れることはない。それに、相手はあなたのことを話し上手な人だと思うはずだ。人間というのは自分のことが話題になるのがうれしいものなのである。

イギリスで2期にわたって首相を務め、小説家でもあったベンジャミン・ディズレーリが同じことを言っている。

「人と話すときは、その人を話題にせよ。そうすれば何時間でも話は続けられる」

会話のきっかけは世界共通——どこでも使える「3つの話題」

パーティ、ディナー、新しい職場での初日、隣に引っ越してきた一家との初顔合わせ……初対面の人との会話の場面はいろいろだが、会話を始めるのに適した話題は世

界共通だ。覚えておこう。

話題1 天気の話

マーク・トウェインは「誰もが天気の話をするけれど、だからといって、それをどうにかしようとするわけではない」と文句を言っていたが、実際、天気は会話を始める際に最高の話題である。

どんな場面でも安心して使えるし、相手のことをまったく知らない場合には特に役に立つ話題だ。洪水、地震、山火事、西海岸の土砂崩れ、東部の雪害など天気の話題は尽きることがない。

話題2 子どもと犬の話

「子どもと犬が嫌いだからといって悪人とは限らない」

コメディアンのW・C・フィールズはそう言ったが、たいていの人は子どもや犬が好きだ。フィールズだって、目の前の相手に子どもかペットがいるなら、たやすく会話を始められることに、異論はなかっただろう。

アル・ゴア副大統領（クリントン政権下。1993〜2001在任）に対して、まじめすぎて温かみがないと批判する人がいるが、私は彼のことをそんな風に思ったことはない。

アル・ゴアは学生時代のエピソードや、子どもの話題なら、熱心で温かい人柄を感じさせる。こうした話題を選べば、アル・ゴアとの会話はうまくいくのである。

もちろん、政治についても時間をかけて熱心に語ってくれるが、心を開いてくれるのは、彼が一個人として大切にしている事柄が話題になっている時なのだ。これはもちろん誰にでも言えることである。

話題3　今いる場所の話

あなたがパーティ会場にいるなら、その会場自体が話題を提供してくれる。

私の60歳の誕生日に友人たちがパーティを開いてくれた。彼らはそれを「ラリー・キング10歳バースデー50周年記念」と銘打った。

1940年代のブルックリンをテーマにしたそのパーティは、ノスタルジックな話題で盛り上がった。

パーティ会場はホワイトハウスの向かいにあるディケーター・ハウスという歴史的な建物だった。ゲストたちはそれについてもいろいろと話をした。

パーティ会場が誰かの自宅、あるいは職場だったとしたら、ホストが楽し気に説明してくれる家具や記念品といったものがあるはずだ。記念写真が置いてあるなら、その写真を話題にしてみよう。クレヨンで描いた絵が壁に飾ってあるなら、「どのお子さん（あるいは、お孫さん）が描いたのですか？」と質問するといい。

イエス・ノー・クエスチョンは要注意

イエス・ノー・クエスチョンとは「はい」か「いいえ」だけで答えることのできる質問のことである。例を挙げてみよう。

「こう暑い日が続くとちょっと心配になりませんか？」

「また景気が悪くなると思いますか？」

「ワシントン・レッドスキンズは今年もダメだと思いますか？」

どれも話題としては、悪くない。

だが、このように**イエス・ノー・クエスチョンの形にしてしまうと、返事は「はい」か「いいえ」になる。**会話が、そこで途切れる可能性が高い質問なのだ。

だが、同じ質問をもう少し言葉を足して言い換えてみれば、相手からもっと長い答えを引き出して、会話を続けることができる。こんな感じだ。

「こう暑いと、地球温暖化の影響が心配になってきます。あなたはどう思いますか？」

「今年の株式市場を見ていると、経済はあまり安定していないんじゃないかと思えてきます。これから不況になる可能性はどれくらいあると思いますか？」

「ワシントンに引っ越してから、ずっとレッドスキンズを応援しているんですよ。そろそろチーム再編の必要がありそうですね。ダラス・カウボーイズも強敵ですし。レッドスキンズは今年はどうでしょうかね？」

こんな風に質問すれば、返ってくる返事が一言だけということはない。

内容は、最初の質問と変わりない。だが、最初の質問では「はい」か「いいえ」の答えしか引き出せないのに対し、後の質問はもっと長い返事を引き出すことができる。だから当然、実のある会話を続けることができるというわけだ。

おしゃべりの帝王?——私の秘密は「聞き方」にある

「自分が話している間は何事も学べない」

私が肝に銘じている言葉だ。

「今日、私が話すことは、自分に何も教えてはくれない。今日、たくさんのことを学びたいなら、相手の話を聞かなくてはならない」

私は毎朝自分にこう言い聞かせている。

人が「まったく聞いていない」場面には毎日のように遭遇《そうぐう》する。家族に「飛行機は8時に着く」と話したのに、その会話が終わりもしないうちに「それで、飛行機は何時に着くんだった?」と言われたりする。

こういう気のない態度で人の話を聞いていれば、当然、相手もあなたの話に身を入れてはくれない。

会話がうまくなりたいなら、相手の話をよく聞かなくてはならない。相手の話に興味を示すだけでは不十分だ。**注意深く相手の話を聞いて、反応する準備を整える**ことが大切だ。そうすれば、自分の番になった時にうまく話すことができる。相手の話に対して、よい質問ができるのが話がうまい人の特徴だ。

数年前、『タイム』誌にテッド・コッペルの談話が載った。テッドは、ニュース番組『ナイトライン』の司会者で辛口のインタビューで知られるが、その彼がこう言っていたので私はうれしかった。

「ラリーはゲストの話をちゃんと聞いている。そういう司会者は多くないよ」

私のことを「トークの帝王」などと呼ぶ人もいる。しかし、**私が成功できたのは話すことよりも、人の話を聞くことに努めたから**だと自分では思っている。

番組では、私はゲストへの質問を事前にメモするようにしている。ゲストの答えによっては、予定外の質問もする。そうすることで、驚くような答えが返ってくることも珍しくない。

例えばこんなことがあった。1992年の大統領選の最中に副大統領のダン・クエール（ジョージ・ブッシュ政権下。1989〜1993在任）が私の番組にゲスト出演してくれた時のことだ。そこで妊娠中絶の法律が話題に上った。

「私の娘の学校では、私か妻の許可がなければ、娘は学校を休むことができない。それなのに親の許可なく中絶ができるのだ。まったく理解に苦しむ」

ダン・クエールはそう言った。それを聞いて私は、中絶に関する彼の個人的な見解に興味を抱いた。だから、こう質問してみた。

「もし娘さんが中絶すると言ったら、あなたはどうしますか？」

すると彼はこう答えた。

「娘がそう決めたのなら、サポートするつもりだ」

クエールのこの発言は大々的に報道された。

選挙戦では中絶に関する議論が白熱していた。中絶反対の立場を貫く共和党の超保守派のスポークスマンであるダン・クエールが、自分の娘の中絶については、娘の考えを尊重すると言い出したのだから、マスコミが飛びついたのだ。

ダン・クエールのインタビューは大変なニュースになった。その**要因は、私の「話し方」ではなく「聞き方」にあった**と思う。相手の話をよく聞いていたからこそ、質問で価値ある答えを引き出せたのである。

ボディ・ランゲージは意識しなくていい

ボディ・ランゲージの重要性については、専門家の間でも意見が分かれている。おそらく明確な答えが出ることはないのではないかと思う。

アメリカでも有数の弁護士エドワード・ベネット・ウィリアムズは「ボディ・ランゲージの有効性は過信されている」と私に言ったことがある。

だが、同じく著名な弁護士であるルイス・ナイザーはまったく逆の考えだ。「足を組めば嘘をついている」「腕を組めば落ち着きを失っている」といった具合に、体の動きにはあらゆるメッセージが込められていると考えていて、それに基づいて依頼人である被告に準備をさせる。

私の考えでは、ボディ・ランゲージは話し言葉と同じだ。**極めて有効なコミュニケーション手段だが、何らかの意味を込めようとすると、わざとらしくなる。**つまり、嘘っぽく見えてしまうのだ。

だから、説得力を増すためにはこうすればいい、関心を示すためにはああすればいいなどと書いてあるハウツー本を一生懸命読んだところで意味はない。

不自然なポーズを無理やり取れば、自分自身の居心地が悪くなるのは間違いないし、他人にも不自然に見える。不誠実な印象を与えることにもなりかねない。

ボディ・ランゲージについては、「どう話すべきか」と同じように考えるのがいい。

要するに、自然が一番。率直に自分を出せばいいのだ。

「意識すべきはアイコンタクトだ」

実は、ボディ・ランゲージの大切なルールがひとつだけある。それは意識的にアイ

コンタクトを取る（つまり「相手の目を見て視線を合わせる」）ということだ。

場面や話している相手にかかわりなく、アイコンタクトは重要だ。

私の場合は、**話している相手に意識を集中していることをはっきり示すために、彼らに向かって少し身を乗り出すようにして話す**ことも心がけている。

人の話を注意深く聞いていれば、意識しなくても、適切なボディ・ランゲージを使えているものである。

うなずいて相手への興味を示したり、かすかに首を横に振って、同情の気持ちや、その話が信じられないという気持ちを伝える、といった具合に体が動くのだ。

大切なのは「しっくりこないならやらない方がいい」ということである。本で読んだからといって、やみくもに頭を振るのはやめてほしい。

アイコンタクトについてもう少し補足しておこう。

相手と視線を合わせることは大切だが、話している間ずっと相手の目を見つめ続ける必要はない。そうされると居心地悪く感じる人の方が多いからだ。

しっかりアイコンタクトを取るべきなのは「相手が話している時」と「自分が質問をしている時」である。

自分が話している時は、適当に相手から視線を外してもいい。ただし、相手がそこにいないかのように空中を見つめるのはＮＧだ。

特にパーティ会場では、話している相手の背後に視線をさまよわせてはいけない。その人よりも大切な話し相手がいないか探しているように見えてしまう。

［アイコンタクトのルール］

1　相手が話している時、視線を合わせる
2　自分が質問する時、視線を合わせる
3　自分が話している時は、視線をそらしてもいい

最後に、ボディ・ランゲージに関する私のアドバイスを一言でまとめるとこうなる。意識するべきは話の中身。うまく話している時には、ボディ・ランゲージも自然についてくるから、気にしなくていい。

タブー無き時代だが……
「避けるべき話題」がある

昔ほどタブーについて心配する必要はなくなったし、タブーという言葉を耳にすること自体が珍しくなった。それは、タブーがほとんどなくなってしまったからである。タブーの話題も減った。かつては「宗教と政治の話はしない」のが当たり前だったが、最近の人はピンとこないかもしれない。宗教と政治の話はしないどころか、誰もがその話題に夢中になっている。

だが、そうは言っても、避けた方がいい話題というものは、やはり存在する。

〔避けるべき話題〕

1　極めて個人的な話題

2　人を感情的にさせる話題

極めて個人的な話題や、話し出すと感情的になってしまい、まともな議論にはならないような話題は避けるべきである。

くだけた会話でも「あなたの給料はいくら?」なんていう質問はするべきではない。よく知らない相手に「中絶についてはどう思いますか?」などと質問するのは、爆弾に火をつけて投げるようなものである。

こういう話題を持ち出していいかどうかは、**話している相手と自分がどのくらい親密な関係なのかということを考慮した上で、判断しないといけない。**

親友となら、給料について話をしてもいいだろう。何年も親しくしている仲間なら、中絶について率直な議論を交わすことができるかもしれない。

だが、基本的には、判断は慎重にするべきだ。この人ならこういう話題でも平気だろう、と決めてかかると、思わぬ反応が返ってくる可能性があるからだ。

第4章

パーティで気後れしない「社交の会話術」

Social Talk

パーティ、結婚式、お葬式……
人が集まる場所を乗り切るテクニックがある。

パーティなど、人の集まる場で社交的にふるまうのが苦手な人は多い。友達同士の夕食会のような気軽な集まりから、カクテルパーティのような大規模なパーティ、その中間ぐらいの規模の結婚式などのイベントなど、人が集まる社交の場面はいろいろあるが、会話の基本は同じである。

率直に話す。
お互いの共通点を見つけて話題にする。
相手の話をしっかり聞く。

パーティでも、この3つが何より大切であることに変わりはない。

恐れることはない——一対一の対話に持ち込め

白状すれば、私だってパーティは苦手である。
一対一で話すのは大好きだが、人がたくさん集まるカクテルパーティの雰囲気には

圧倒されてしまうからだ。

しかも、私はお酒を飲まない。ソフトドリンクも好きではないから、会話の小道具になるグラスを手に持つことができない。そのせいで、胸の前で腕組みすることになる。自分としては楽な姿勢なのだが「話しかけにくい人」という印象を与えているかもしれない。

いずれにせよ、人がたくさんいるといっても**全員を相手にする必要はない。恐れずに、一対一の会話の相手を探せばいい**のである。

私は、自分の居場所をだいたい決めておいて、周りに気を配る。そして、楽しそうな人に目星をつけて、会話のチャンスを待つことにしている。話が盛り上がっているグループがあれば、さりげなくその話の輪に入り込むこともある。

パーティは出席している人同士が何らかの知り合いということも多い。近所の人、同僚、会社は違うが同業の人、といった具合だ。そんな場合には、会話を始めるのに適した話題はいくつでもある。

一対一の会話と言っても、ポイントは**パーティでは同じ場所に長く留まらないよう**

にすることだ。歩き回っていろいろな人と話すのがマナーである。

会話が盛り上がる「最高の質問」とは？

よい会話の秘訣は質問をすることだ。

私は好奇心旺盛だから、カクテルパーティでは、お気に入りの質問「Ｗｈｙ？（＝なぜ？）」を連発することになる。

別の都市に引っ越すという人がいたら――なぜ？

転職するという人がいても――なぜ？

ニューヨーク・メッツのファンだという人にも――なぜ？

「なぜ？」は最高の質問だ。これに勝る質問があるとは思えない。実際、私の番組では、他のどの言葉よりも「なぜ？」を使っている。

楽しく盛り上がる会話をしたいなら、私の知るかぎりで最も効果的な方法は「な

ぜ？」と質問することである。

会話を切り上げられない？　問題ない！

退屈な会話に我慢できなくなったり、十分話したから別の人と話したいと思ったりした場合、確実に会話の輪から抜け出すことのできる方法がある。

「失礼。ちょっとトイレに行ってきます」

これでいい。差し迫った様子でそう言えば、気分を害する人はいない。そして、戻ってきた時には、別の人と話せばいいのである。

近くに知り合い（例えば、ステイシー）がいたら、別の方法もある。

「ステイシー！　ビルとはもう話した？　紹介するよ」

そして、ステイシーとビルが握手をしているうちに、

「すぐに戻るよ。いろいろと話すことがありそうだね」

そう言って、その場を離れるのだ。


何しろカクテル・パーティなのだから、人はたくさんいる。あなたが戻ってこなくても問題はない。

ただし、ビルがとてつもなく退屈な人物だったら、ステイシーは許してくれないかもしれない。この方法は慎重に使う必要がある。

他にもいくつか、便利なセリフを挙げておこう。


「この料理はおいしいですね。おかわりしてきます」

「ちょっと失礼。主催者（久しぶりの友人など）にあいさつしてきます」


大切なのは大げさに考えないことである。逃げ出したいあまり、会話の途中で、部屋の中を見回すのは失礼だ。場を離れる時に申し訳なさそうな顔をするのもダメだ。

会話が途切れる瞬間を待って、相手に礼儀正しく言葉をかけ、自然にその場を離れればいいだけの話だ。

「お話しできて、うれしかったです」

そう言って、**会話を楽しんだことを伝えてその場を離れれば、それで十分に礼を尽くしたことになる。**

少人数の場を仕切るには？

私は、ホームパーティなどの比較的少人数の集まりなら、気楽に会話を楽しむことができる。

たいていの人もそうなのではないだろうか。このような集まりなら、相手が知り合いであることも多いし、そうでなくても何らかの共通点があるからだ。

私はこうした場で会話の仕切り役をするのが好きだ。仕切ると言っても、テーブルの会話を独占するのではない。その逆だ。

全員が会話を楽しめるように、話の方向性を決め、話題を提供し、発言を引き出すことによって、会話の流れをコントロールするのである。

実際、カクテルパーティのような場面よりも、少人数の集まりの方が使えるテクニックも多くなる。

大切なのは、**テーブルで私の近くに座る人全員が会話に興味が持てるように配慮する**ことだ。そのためには、人の話に耳を傾けることがとりわけ大切になってくる。

確かに、会話を盛り上げるのが難しい場合もある。

例えば、ディナーの前に誰かが飲み過ぎてしまった……。その日職場でひどい目にあった人がいる……。家族が重病で話をする気分になれない人がいる……といった場合である。

こうした場合は、会話の流れをその人からそらして、他の人にたくさんしゃべってもらうのが最善の策だ。悩み事を抱えている人が悩みを忘れられるよう、軽めの話題を提供するのもいいだろう。

私が会話の仕切り役をすると、たいていの場合は、出席者みなが満足できる楽しいパーティになる。

「会話を仕切る」という私のスキルは、長年にわたるプロの話し手としての経験を通して身につけたものだが、プロの司会者ではなくても、会話の仕切り役をして、場を盛り上げることができる。そのコツをお教えしよう。

場を盛り上げるコツ1 「誰もが話せる話題」を選ぶ

一部の人だけが詳しいだけで、その他の人は参加できない話題は避けるべきだ。**職場の話題は避けるべき話題の典型**だ。

4組のカップルでディナー・パーティをしたとしよう。各カップルの一方が同じ法律事務所で働いているとする。その4人が事務所の話を始めてしまったら、彼らのパートナーたちは苦痛に満ちた時間を過ごさねばならなくなる。彼らは事務所での出来事など知らないし、興味もないからである。

こんな時「もし〜だったら？」の質問をすると、全員が何らかの意見を言うことができる。この質問については、後で詳しく話すことにしよう。いろいろな人が集まる社交の場での会話は、政治のような重い話題よりもカジュアルな話題が適している。

場を盛り上げるコツ2 必ず「相手の意見」を求める

〝話し上手な人〟と思われるには、自分の意見を言うだけでは不十分だ。むしろ、周りの人の意見を聞くようにしなくてはならない。

ヘンリー・キッシンジャー（国際政治学者。元米国国務長官）は、職業柄ものごとをコントロールすることに長けている人物だが、会話を仕切る手際は見事である。

彼は、自分が専門的な知識を持っているテーマが話題になっていても（そのようなテーマは山ほどある）いつも**「あなたはどういうご意見ですか？」**と質問している。

場を盛り上げるコツ3 「内気な人」をサポートする

私はいつもテーブルの自分の両隣のゲストが会話に参加できるように気を配ることにしている。左側のゲストが内気な人で、右側のゲストは社交的な人だったら、左の内気なゲストが会話に加わることができるように気を使うのだ。

内気な人の同意を求めるようにうなずいたり、キッシンジャー方式で「あなたはどう思いますか？」と質問したりする。すると、その内気なゲストも生き生きと会話に参加しはじめるのだ。

その人が話しやすくなるようにさりげなく会話を導くのもよい方法だ。教育が話題になっているとしたら「そう言えば、お宅のお嬢さんはワシントン・ハイスクールですよね。学校生活を楽しんでいらっしゃいますか？」と質問するといった具合である。

場を盛り上げるコツ4　会話を独占しない

社交の場には〝危険な落とし穴〟がある。それは「才能ある話し手」が会話を独占してしまい、いつの間にか「長話のうんざりする奴」になってしまうことである。

放送業界には〝均等時間割り当て〟という暗黙のルールがあるが、パーティでも、できるだけ多くの参加者に均等に話す機会を与えなくてはならない。

「簡単に話すとね……」などと宣言しておいて、あらゆるディティールを話そうとす

る人が多いのには困ったものだ。誰かがそのセリフを言ったら、長話を聞かされるものと覚悟した方がいいだろう。

とにかく、**話は短くまとめよう。会話の人数が多ければ、なおのこと**である。

オーバー・トーク（しゃべり過ぎという意味の私の造語だ）は、好印象を与えない。と言うより、悪印象を与える可能性が高い。

人をうんざりさせるほどの長話には代償が伴う。周りの人の信用を多少なりとも失うことにもなる。

ショービジネスの世界で昔から言われているように「引き際を知る」人間になろう。

場を盛り上げるコツ5 すべてを知ろうとしない

人と話をする時は、相手から可能な限り多くの情報を引き出す必要はない。その人の伝記を書くわけではないのだ。**あらゆる詳細を知る必要はない**のである。

目の前の相手と話すのはわずかな時間だ。ディナーなら、長くても3時間。しゃべり過ぎで会話を独占するのもダメだが、相手を質問攻めにするのもＮＧだ。後でテストがあるわけではない。

場を盛り上げるコツ6「もし〜だったら？」の質問

「もし〜だったら（どうする）？」――この質問は、社交の会話の最高のきっかけになる。話が途切れがちになった時にも、話に活気を取り戻すことができる。

具体的な例で考えると、以下のような文章が「もし〜だったら」の質問だ

「ダラス・カウボーイズの新コーチがバリー・スウィッツァーに決まりましたね。これで成績が上がらなかったら、オーナーは解雇に踏み切ると思いますか？」

「カリフォルニアに夢のマイホームを建てたとして、そこに地震帯があることが発表されたらどうします。引っ越しますか？」

「もし〜だったら？」の質問は数限りなくある。その時々のニュースや世間の関心事

をベースにいくらでも質問を考えることができるからだ。時事的なものだけでなく哲学的な質問もおもしろい。
私がディナー・パーティでよく使う「もし〜だったら？」の質問を紹介しよう。

あなたは親友と2人、ある島に取り残されました。親友は末期ガンで、最期にこう言い残しました。『銀行に10万ドル預けてある。その金で息子を医大に行かせてくれ』そして彼は亡くなります。彼の息子は遊び人です。お金を渡したら数カ月で使い果たすのは目に見えています。一方、あなたにも息子がいて、医者になりたいと思っています。親友の息子と自分の息子、あなたはどちらに10万ドルを渡しますか？

私はこの質問を大学の学長から、メジャーリーグのルーキーまで、ありとあらゆる人にしてきたが、いつも確実に会話が盛り上がった。どの人も必ず意見を言ってくれる。その内容は実にさまざまで、それぞれに筋が通っている。この話題だけで一晩中ずっと会話が続くこともあるぐらいだ。

世界で最も頭のいい人々（知能指数が世界人口の上位2パーセント）で構成されるメンサという組織がある。この組織では、このような哲学的な質問について徹底的に議論する。

メンサのメンバーが取り上げる質問を2つ紹介しよう。

鉱山で4人の男が作業をしている時に天井が崩れた。1番上にいたのは肥満体の男で、出口の穴につっかえてしまった。続く3人の男は、酸素不足で呼吸が苦しくなっている。3人は肥満の男を銃で撃つべきだろうか？

姿を消す能力を与えられた人はモラルに従うべきだろうか？

私はメンサのメンバーたちが2番目の質問について議論を交わしている様子を見学した。いつも従っているモラルを守ると答えた人が多かったが、全員ではなかった。ある男性は、ビジネスの取引の場に忍び込んで情報を集め、株で大もうけすると言った。競馬の騎手の周りをうろついてデータを集めて、大穴を狙うと答えた人もいた。

姿が見えないということは究極の力になり得る。世界を支配することさえ可能かもしれない。姿を消す能力を与えられたら、あなたならどうするだろうか？

いくつか例を挙げたので、哲学的な「もし～だったら？」質問がどのようなものか、わかってもらえたと思う。機会があれば、ぜひ自分でも質問を考えてみてほしい。

会話が弾んでいるなら「もし～だったら？」質問は忘れてていい。なぜなら、必要ないからだ。だが、会話が滞り始めたら、勢いを盛り返す手段として、この質問を使ってみるといい。

時には「もし～だったら？」質問でも、会話が盛り上がらないこともある。

質問をしても自然に会話が展開していかないなら、無理強いは禁物だ。そういう時は、別の「もし～だったら？」質問を試すか、別の話題に移った方がいい。

それでもうまくいかないなら、あなたではなく、相手が悪いと思っていい。意地になって努力を続ける必要はない。場所を移動して、別の相手と話せばいいのである。

場を盛り上げるコツ7 場所に気を使う

私はインテリア・デザイナーではないが『ラリー・キング・ライブ』のセットについてなら解説できる。あの番組の雰囲気がどのようにして作られているのかをお話ししよう。

スタジオのデスクは心地よい親密な雰囲気を醸し出すことを意図している。実際、私はあのセットのおかげでくつろげるし、ゲストに親しみを感じる。たいていのゲストも同じことを言ってくれる。

スタジオに花は飾らない。風景写真もない。デスクと壁の世界地図があるだけだ。セットは大きな弧を描いていて、幅広い報道範囲を感じさせる。

『ラリー・キング・ライブ』のセットには、ワクワクドキドキする番組を届けたいという私たちの気持ちが込められている。このワシントンのスタジオセットは、1985年の番組放送開始から基本的に変わっていない。報道範囲の広さを強調するために地図を大きくしたくらいである。

多くのゲストがスタジオセットのくつろげる雰囲気についてコメントするが「すごく近くに座るのですね」と驚かれることが多い。

しかし、その近さが効果的なのだ。**近くに座ることで、親密な空気が流れ、プライベートな会話を電波に乗せて公開している、といった雰囲気になる**のである。

あなたに『ラリー・キング・ライブ』のセットをお貸しすることはできないが、そのかわりに参考になるヒントをお教えしよう。

・**部屋を飾りつける必要はない**——ゲストがリラックスできることが肝心だ。見事な庭があっても、寒い日ならガーデン・パーティにしてはいけない。

・**席は離し過ぎない方がいい**——ゲストが4人なのに、テーブルが12人用の巨大なテーブルなら、そのテーブルは使わない方がいい。それは料理を並べるのに使って、客には居間で皿をひざに載せて食べてもらおう。人がポツンポツンとしか座っていないテーブルで食事をすることほど気まずいことはない。

場を盛り上げるコツ8
異性との会話こそ「自分らしく」

異性と話すのは難しいものだ。私にとってもそうである。

異性との会話の始め方は、私の子ども時代とはまったく変わってしまった。昔はカクテルパーティでは、男性が女性に「あなたみたいに素敵な女性がこんなところで何をしているんですか？」などという決めゼリフを言っていた。

「なぜ今まで巡り合わなかったのだろう」とか「以前どこかで会ったことがありますよね？」などというのもよく耳にした。

こんなセリフは今では使えない。こんなセリフを言ったら、女たらし役のオーディションでもしているのかと思われるだろう。

これは男性だけの問題ではない。女性にとっても、男性とどうやって会話を始めるかというのは難しい問題だ。

実際、男性との会話に苦労している女性は多いはずだ。と言うのも、長い間、女性が男性にアプローチをすることはタブーだったからである。

私が30代の頃でも、付き合っている女性から電話がかかってくることはなかった。女性が男性に電話をかけることは、絶対的なタブーだったのである。

親たちはよくこう言っていた。

「ちゃんとした女の子は男の子に電話なんかするものじゃありません。電話は男の子が女の子にするものよ」

今では、そんなタブーはすべて過去のものとなった。気になる男性がいれば、女性の方からアプローチすることができる。

だが、そういう変化を別の角度から見れば、今では男性と同様に女性も、異性に話しかける方法について思い悩まなくてはならない、ということだ。

初対面の異性と話す場面でも「自分らしくあれ」の大原則に従うべきだと私は思う。とにかく率直に自分らしく話すことを、お勧めしたい。

私の場合、率直に話すとこんな感じになる。

「会ったばかりの女性と話をするのは苦手でね。でも、もしよければ、少し話しませんか？　私はラリー・キングです」

その女性が応じてくれれば、会話が成立するわけだ。応じてくれなかったら、それはそれでいい。別の方法でも、その女性との会話はうまくいかなかったはずだ。

プライベートなパーティで会った女性にこんな風に言ってみることもある。

「昔の男が使っていたセリフはたくさん覚えているんですが、もう役に立ちませんしね。今は、どうやって話を始めたらいいんでしょう？」

こうして率直に話しかければ、次のステップに進むことができる。次は、相手の興味を調べて、会話を続けるかを決めるのである。

方法は簡単だ。**単に自分が興味のあることについて質問すればいい。**

「ラジオで聞いたんですが、今日、株価が58ポイントも下がったみたいですね。ブラックマンデーのようなことになるのでしょうか？」

こういう質問には2つの意味がある。〝とりあえず間をつなぐ〟ということと〝相手の知性や興味を測る〟ということだ。

会話の相手が先ほどの質問に「また下がったの？　今日のウォール・ストリート・

ジャーナルに記事が載っていたんだけど……」などと応じるなら、この人とは話が合いそうだ、とわかる。

「そういうことにはまったく興味がないの。退屈なんですもの」という返事だったら、あなたにとっても彼女は退屈だろう。

初対面の異性と話す時には、できるだけ早い段階で、相手についてなるべく多くを知るようにした方がいい。そのためにも、いつもの自分のスタイルで、自分が興味を持っているテーマを話題にしよう。

あなたが政治かスポーツか映画が好きだったら、相手もそうか確かめよう。

自分が興味を持っていることに、相手は関心がないとわかったら、何か礼儀正しい言葉をかけてその場を離れればいい。そして他の相手を探そう。あなたにあった相手は、必ずどこかにいるはずだ。

会話の最難関——葬儀で取るべき態度とは?

結婚式やバースデー・パーティは、気楽に会話を楽しめるものだ。こういう集まり

なら、初対面の相手とでも話せる話題はある。

「私は花婿とは面識がないのですが、花嫁の昔からの友人でしてね。彼女は本当に美しいですね。それに素敵なご家族で……」

こんな感じで、花嫁の話だけで30分は会話を続けることができる。

あなたの話している相手が花婿の知人でも、同じように話せばいい。この場合、あなたの話で30分、相手の話でもう30分、会話が続くことになる。

「ハネムーンはどこに行くのかご存じですか？」と質問してもいい。あなたか相手がその場所に行ったことがあれば、それでまた30分会話が続く。

一方、葬儀での会話は難しい。社交的な会話の場面としては、最難関だろう。

私には故人の遺族に声をかける際に注意していることがひとつある。**悲痛な態度は取らない**、ということだ。葬儀の場で耳にする言葉に「心中お察しいたします」というのがあるが、私はこの言葉も使わない。理由は2つある。

故人の死が自然なものなら、参列者が遺族の気持ちを察していることを、遺族も当然わかっている。反対に、死亡時の状況がショッキングなものだったら、遺族の気持ちを推し量ることなど、とうてい無理だ。

「痛ましいことです」「どんなにかお辛いこととお察しいたします」という言葉は、遺族の悲しみを自分の尺度で測っていることになる。**人の気持ちを勝手に決めつけるのはやめた方がいい。**

私は通夜や葬儀に参列した時は、自分が気に入っている故人の思い出話を遺族に話すことが多い。

「私が入院していた時にジョンが見舞いに来てくれた時のことが忘れられません。金曜の晩、外は土砂降りの雨だったのに、わざわざ来てくれたんです」というふうに。

遺族と親しい場合は、ユーモアを交えた話をするのもいい。

「フリッツは、誰も思いつかないようないたずらを私にしたんですよ。知ってましたか?」といった具合だ。

葬儀のような場面だからこそ、あえて軽めの話をするべき場合があるのだ。そういう時には、**故人についてあなただけが知っている話をするといい。**

あなたが故人をよく知らないなら、その人が成し遂げたことについてコメントすればいい。例えば「職場で尊敬されていた」「家庭を大事にする人だった」「務めをよく果たした」などである。

　こういう場面で遺族にかけるべき言葉は短い方が無難だ。こんな時、あなたの話し方がどうかなどということは、遺族はまったく気にしない。心を込めて「残念です。寂しくなります」と言えば、それで十分なのである。

親友ボブ・ウルフを見送った日のこと

　葬儀で弔辞を読む場合にも、同じような心配りをすればいいと思う。私自身の経験をお話ししたい。

　1993年11月、私のエージェントで、大切な友人でもあったボブ・ウルフが亡くなった。ほんの数日前、私の60歳のバースデー・パーティで司会をしてくれたばかりだった。

　弔辞を頼まれた私は、光栄に思うと同時に、不安も感じた。何を言うべきなのかわからなかったのだ。

私はいつものように自分の直感に従おうと決めた。私の本能は「明るい感じで話せ」と言っていた。

実のところ、それは弔辞とは言えなかった。私はただ、深い悲しみを味わっている人たちと、悲しみと思い出を分かち合ったのである。

「ボブのクライアントにはラリーが2人いました。NBAのラリー・バード選手と私ラリー・キング。2人が同時に電話をかけたら、待たされたのはどちらだったか、おわかりでしょう?」

この葬儀で初めて、参列者から笑い声が上がった。それがユーモアのせいだけでなく、安堵のせいでもあることが、私にはわかった。参列者は笑いたかったのだ。ボブは陽気な男で、人と一緒に笑うのが好きだった。だから私は話し続けた。

「ボブは写真を撮るのが好きでした。メル・ブルックス(コメディ映画監督)の「2000歳の男」(有名なお笑いネタ)は、史上最高の発明品はシャンプーとサランラップだと答えましたが、ボブに同じ質問をしたら、24時間営業の写真現像店だと答えたでしょう」

参列者たちはそのエピソードになぐさめを見出した様子だった。私は自分の直感が正しかったと感じた。その場にいる人々は、私がふさわしい言葉でボブのことを語っていると感じてくれているようだった。

本能は、言うべきこと、言うべきではないことを教えてくれる。みなが喜んでくれると感じるのなら、多分それが正解なのである。誤解されるかもしれないと不安を感じるなら、言わないでおいた方がいい。

弔辞を読むのはつらかったが、亡き友に敬意を表する最高の方法だから読むことにした。結局のところ、通夜や葬儀というのはそのためにあるのだ。

これで弔辞についての私の経験談はおしまいである。あなたも弔辞を読むように依頼されることがあれば参考にしてほしい。**誰もあなたの話を聞くために参列しているわけではない、ということを忘れないように。**

どの参列者もあなたと同じ目的で、つまり、愛する人の死を悼み、その人生を祝福するためにその場にいるのだ。故人に対する尊敬と愛情を示そう。

やりがちな「有名人への失言」とは？

私はこれまでありとあらゆる分野の有名人と話をしてきた。

ひとつ言えることは、どんな有名人も、あなたや私と同じように、ごく普通の会話を楽しむということである。

私は、彼らを有名人ではなく、普通の人と考えるようにしている。**自分と同じように好き嫌いがあり、いろいろな感情を抱く普通の人間だと思って接する**のだ。

そして、この本で紹介しているテクニックを使って話しかければ、たいていの場合、心を開いて話してもらうことができる。

映画俳優、テレビスター、アスリートといった人たちから話を聞くと、彼らのような有名人を相手にすると、無意識に失言する人が実に多いそうだ。

「小さい頃からあなたのファンなんです」

これが定番の失言だ。こういう言葉をかけるということは、「あなたも年を取ったね」と言っていることになってしまう。

「私も野球選手（あるいは映画スター、小説家）になりたいと思っていたんです」

これも定番の失言だ。相手の才能や業績を軽く見て「あなたのやってることなんて、誰にでもできるよ」と言っていることになってしまう。

もうひとつ、有名人と話す時に犯しがちな誤りは、彼らが自分の職業以外のことは何も知らないと決めてかかってしまうことだ。

知的で、教養があり、博識な有名人は男女を問わずおおぜいいる。それなのに、彼らが質問されるのは彼らの職業である演技やスポーツのことばかりなのである。

有名人の「本職以外の関心事」を知っていたら、それを話題にすれば、もっとのびのびと話をしてくれるかもしれない。

例えば、ウディ・アレンならNBAのニューヨーク・ニックスについて質問するといい。ポール・ニューマンなら、子どものための慈善活動だ。

第5章

仕事で結果を出す「ビジネス会話術」

Business Talk

人生はセールスだ。
自分を売り込み、望みをかなえよう。

働いている人なら、会話の半分以上は仕事関係になるのではないだろうか。

私はこれまで、講演者、パネリスト、議長、参加者など、いろいろな立場で数多くのビジネス会議に参加してきた。企業のトップと話をする機会も多い。

私のビジネスパーソンとしての経験から、ビジネスの場面でいかに話すべきかについてお話ししたい。

守るべき基本は変わらない——3つの基本ルール

成功しているビジネスパーソンを思い出すと、やはり、その誰もが話がうまい。ここでは、彼らの共通点からビジネスでの話し方のコツをお伝えしよう。
まず、ビジネス会話の基本ルールは以下の3点にまとめられる。

ルール1 会話の基本は同じ

ビジネスの場面でも「率直かつ正直に話すこと」そして「相手の話をよく聞くこと」が大切だ。会話の基本は変わらないことを押さえておこう。

ルール2　わかりやすい言葉で話す

どんな場面であっても、誰にでもわかる言葉だけで話さなくてはならない。社内や自分の業界だけで通用する用語が癖にならないように気をつけよう。

同じ業界の人が相手なら、ある程度専門用語を使ってもいいだろうが、それでも、わかりやすく話すように心がけることが大切だ。

ルール3　時間をむだにしない

30分の会食で、世間話を延々と続けたあげく、肝心の要件を最後の5分に話す人がいる。しかし、ビジネスパーソンなら、時間もお金であることを意識しなくてはならない。相手のお金を浪費する人物と仕事をしようと思えるだろうか。

3点目について少し補足しておこう。

同僚と話すのであれ、正式な会議の場で話すのであれ、準備が大切だ。話のポイントを頭の中で整理しておこう。事前に考えて、何を伝えるべきかをはっきりさせておこう。質問を想定し、それに対する説得力のある回答を用意しておこう。

こうした**準備をしないから、ダラダラと話すことになる**のだ。一昔前なら、影でこう言われてしまっただろう。

「あの人に〝今何時？〟と聞くと、腕時計の中身についてまで聞かされる」

誰もが何かを売っている

売るのはセールスマンだけの仕事ではない。

どういうことかと言うと、誰もが自分自身、知識や経験・スキルを売っているということだ。自分自身をもっと高く売るために本書を読んでいる読者も多いはずだ。

セールスが上手な人には、ある共通点がある。それは、**商品について予習し、セールスポイントになること・ならないことを頭に入れている**ということだ。これがセールスで成功する秘訣だと、私はたくさんの成功者から聞いた。

その1人がジャック・ケント・クックだ。ジャックはニューヨークのクライスラー・

ビルやNFLワシントン・レッドスキンズのオーナーでもある指折りの大富豪だ。

ワシントンのレストランで一緒に昼食を取った時、ジャックは14歳の頃に初めてセールスした時の話をしてくれた。

当時は、世界大恐慌の真っ最中だ。セールスマンとしてデビューするべき時ではなかった。だが、ジャックの母親は電話料金の支払いで2ドル50セントが必要だった。家にはたったそれだけのお金もなかったのだ。

それでジャックは仕事を探すことにした。見つかったのは、一軒一軒ドアをノックして百科事典を販売する仕事である。百科事典の会社から送られてきた事典の箱には、セールスのコツが書かれたマニュアルが入っていた。

だが、14歳の少年らしくジャックはこのマニュアルを無視することに決めた。自分の魅力と説得力があれば、百科事典を売ることなど簡単だと考えたのだ。

現在のジャックは魅力も説得力もたっぷりの人物だが、当時は14歳の子どもだ。とにかく、彼は失敗した。

そこでジャックはマニュアルを読んでみることにした。2時間かけて、最初から最後までじっくりと目を通した。

そして、次に訪れた家では、ジャックは大成功した。マニュアルに書かれていた、セールスの決め手となる質問が功を奏したのだ。その質問はこうだ。

「品物はどちらにお届けしましょうか？」


すぐにジャックは最初の商談で失敗した家を再び訪問した。そうすると、相手の反応はさっきとはまったく違った。すぐに百科事典セットを購入してくれたのである。

その日、ジャックが母親に渡した1日の稼ぎは、電話料金分の2ドル50セントどころか、24ドル50セントもの大金だった。

「人生であれほど自分のことを誇らしく感じた瞬間はない。スーパーボールで自分のチームが勝った時よりもうれしかったよ」とジャックは言っていた。

説明するな。メリットを語れ

セールスを成功させるための鉄則がもうひとつある。

商品の「特徴」を説明するのではなく「メリット」を語る、ということだ。

トースターを売るなら「高品質マイクロチップを内蔵しているので、均質に焼けます」と説明してはいけない。

「朝食に、熱いコーヒーと黄金色に焼きあがったイングリッシュ・マフィンが楽しめますよ」と**相手にとってのメリットを売り込む**のである。

保険のセールスでも同じだ。保険料と給付金がどうだなどという説明は決め手にはならない。お金の不安がなくなって、家族もよろこぶということを話すのだ。

面接とは〝自分をセールスすること〟だ

あなたにとって最も大切な商品、それはあなた自身だ。

就職の面接で自分をうまくアピールして採用される。

業界内での存在感を高め、出世と給料アップにつなげる。

どれも実に重要な自分を売り込むプロセスだ。ビジネスパーソンなら誰でも、こうしたプロセスを繰り返して、自分をもっと高く売る必要があるはずだ。

私自身もこれまで〝自分をセールスする〟ことをやってきた。その際に守っているルールが4つある。参考にしてもらいたい。

［自分をセールスするための4つのルール］

ルール1　自分に何ができるのかを伝える
ルール2　仕事への熱意を示す
ルール3　事前に準備する
ルール4　自分から質問をする

それぞれについて解説しよう。

ルール1　自分には何ができるのかを伝える

「会社があなたに何をしてくれるのかではなく、あなたが会社のために何ができるのかを問いたまえ」

ケネディ大統領風に言うと、こういうことだ。「あなたを雇えば自分の株も上がる」と面接官に思わせるのである。

大切なのは「強み」を売り込むことだ。自分の知識やスキルについて話そう。それまでに学んだ専門知識、培った人脈、仕事を通して身につけたスキルを説明するのだ。

ルール2　仕事への熱意を示す

率直に仕事への熱意を示そう。面接する側から見れば、面接で仕事への熱意を見せられるのは気分がいいものだ。それが決め手になって採用される場合は多い。

私の知っている映画プロデューサーが秘書募集の広告を出すことにした。広告には、仕事に必要なスキルを列挙した後、「熱意のある方、歓迎」と付け加えた。

面接をした応募者の中で1人だけ「私にはこの仕事に対する熱意があります」と言った人物がいた。もちろん採用されたのは彼女だった。

私自身も、マイアミで初めてラジオの仕事に就いた時はそうだった。放送業界での経験はゼロで、熱意しかなかった。でも、その熱意を見て、ラジオ局の局長は私を雇う価値があると考えた。

「見込みがある」「この若者に仕事をやってもいい」と思ってくれたのだ。未経験で仕事を得た私は、今でも同じ業界で仕事を続けている。

ルール3 事前に準備する

アピールしたいポイントは事前にまとめておくべきだ。メモ用紙に書いておき、面接の前に何度か目を通すようにしよう。

答えにくい質問をされるかもしれないが、逃げてはいけない。事前に想定しておいて、どう答えるか考えておこう。もしもあなたが7年間で3回転職しているなら、その理由は必ず質問されると思っておいた方がいい。

さらに完璧に準備するなら、面接のリハーサルをやるべきだろう。誰かに面接官役を頼んで、質問してもらうのだ。これは実に効果的な準備方法だ。採用される確率は間違いなくグンと上がる。

ルール4 自分から質問をする

本書では、これまでにも何度か〝質問のメリット〟について話してきた。これは面接でも同様だ。

面接は、面接官の質問に答える場だと思い込んでいる人は多いが、そうではない。面接は、社風や将来の上司の人柄を知る最高の機会である。

面接する側は、前向きな質問ができる主体的な応募者を高く評価するものだ。それに、質問することで「事前に準備する」「熱意がある」という2つの重要な資質を備えていることを示すことになる。

面接を受けるのが業界首位の会社なら、その成功について質問しよう。

逆に、会社が業界内で下位の会社なら「御社は、業界のどの企業を目標にしていますか？」「どうやって追いつこうと考えていますか？」などと質問するといい。

面接官をする場合も、基本は同じだ

逆に、あなたが面接官となる場合は、どうするべきだろうか。

基本は、面接を受ける側と同じだ。**大切なのは「率直な態度を取ること」「熱意と気配りを示すこと」「積極的に質問すること」**である。

応募者の資格や経歴にこだわってはいけない。質問で相手の人物像を知ろう。熱意はあるのか、この仕事が本当にやりたいのか——そういうことを明らかにするのだ。相手が緊張しているようなら、履歴書から相手の特徴を見つけ出そう。例えば「香港に住んでいた」とか「サーカスで働いたことがある」などと書いてあったら、そのことについて質問するといい。それで緊張もほぐれて、その後はスムーズに職務経験などに話を持っていくことができる。

仕事の内容や将来の上司である自分についても率直に話すべきだ。率直な態度と熱意が好ましいのは、おたがいさまだということを覚えておこう。

面接する社員が仕事への熱意を持っていないように見えたら、誰がそんな会社で働

きたいと思うだろうか？

上司との話し方は、少し特別だ

職場においても「相手が誰であれ、どんな場面であれ、基本は同じだ」……と言いたいところだが、実はそういうわけにはいかない。

上司との話し方は、同僚や部下との話し方とは違うからである。

違うと言っても、やたら低姿勢になったり〝おべっか使い〟のような話し方をするということではない。私だってＣＮＮの創業者テッド・ターナーに対して、そのような態度を取らない。そんなことをしたら、逆に低く評価されてしまう。

どのような職場でも、自分の上司のことを知るのは役に立つことだ。と言っても「仕事帰りに飲みに行って交友を深めよう」というようなことを勧めているわけではない。

職場における自分のポジション（自分の役割、会社への貢献、長所と短所、改善すべき点、優先事項など）を知ることは仕事上必要なことだが、それと同じ意味で、自分の上司のことも知っておいた方がいいのだ。**自分のポジションと同様、上司のポジションを理解する**ように努めよう。

ものごとが順調に進んでいる時は、上司とどう話すかなどということは、さほど問題にならないものだ。だが、何かしっくりこないと感じるなら、何か問題があるのである。直感というのは、たいてい正しいものなのだ。

そのような場合は、**率直な態度で上司にアプローチする**のがいい。上司が自分に対して不満を感じていることに対して、ビクビクしたり、反発した様子を見せたりしない方がいい。そのかわりに自分の懸念をこんなふうに率直に伝えてみよう。

「もっとよい仕事のやり方があるのではないかと思うのですが、どこに注意して仕事をすべきでしょうか？　ご指示いただければ助かります」

「このプロジェクトをどう進めるべきなのか悩んでいます。何から取り組むべきか教えていただけると助かるのですが」

こんな感じで率直にアプローチすれば、たいていうまくいくはずだ。これでダメならその上司は被害妄想か、単なる間抜けだと思ってもいい。

だとすれば、上司へのアプローチ方法を考えるより、異動か転職を検討した方がいいかもしれない。問題はあなたではなく、上司にあるのだから。

部下の意見に耳を傾けよう

大きな企業なら、部下と話す機会として、定期的な「評価ミーティング」が定められているだろう。

評価ミーティングでは上司と部下の双方向的なコミュニケーションが大切だと言われている。つまり、上司が一方的に評価を下すのではなく、部下の意見に耳を傾ける必要があるということだ。

部下は上司をどう見ているのか。

業務のよい点や問題点は何だと考えているのか。

その点について、上司はどんな役割を果たしていると考えているか。

仕事が順調に進むために、上司は何をすべきだと考えているのか。

こうしたことについて上司は部下に聞く必要があるのだ。しかも、これは**半年に一度の定められた評価ミーティングだけでは不十分**だ。

日々、部下の仕事ぶりを評価しよう。明確な指示を出そう。仕事のスピードが問題なら、そのことをはっきりと伝えた方がいい。

そして、**普段から部下に質問をして、自分の意図が誤解なく伝わっていることを確認する**ことが大切だ。

部下に不満があるなら、本人にきちんと伝えるべきだ。部下と向き合うことを避け、問題が消えてなくなったり、自然に解決したりするのを待っていてはいけない。

先延ばしにして、結局、部下に対して爆発するのは最悪である。そんなことをしていると、部下との関係だけでなく、他のスタッフとの関係にも、修復不可能な亀裂が入ることになりかねない。

誰かから、間接的に部下に伝えるというようなこともするべきではない。プロフェッショナルとしての誇りと誠実さを持って部下と向き合おう。

アシスタントに最高の敬意を

かつては秘書、女性事務職員などと呼ばれていたが、最近はアシスタントと呼ばれることが多いようだ。彼女たちは〝職場の秘密兵器〟として活躍している。仕事がスムーズに流れるための要となる存在だ。

私の優秀なるアシスタント、ジュディス・トーマスの話をしよう。

私の仕事仲間たちは、私のスケジュールのことなら、私ではなく、ジュディスに相談すべきだと心得ている。

私と連絡が取りたくて1週間電話をかけ続けた、というような人は、ジュディスに連絡するべきだ。どんな質問にも彼女が答えてくれるし、私とのミーティングのスケジュールも組んでくれる。

私自身、スケジュールの話になると、すぐに「ジュディスに電話してくれ」と言うようにしている。だから、ジュディスは『ジュディスに電話してくれ』という本を書いて、すべてを暴露すると私を脅迫している。困ったものだ……。

とにかく、ファイルを探すにしても、面会の約束をするにしても、自分でするより、アシスタントがする方がスピーディでスムーズだ。アシスタントに確認する必要がある用件なら、そもそも、直接アシスタントに連絡してもらった方が、関係者全員が時間を節約できる。

優秀なアシスタントは職場の財産だ。アシスタントの能力と知識に敬意を払おう。
彼女たちは、そのような扱いを受けるにふさわしい。

そうすることであなたにもメリットがある。プロとして敬意を払われて、自分が評価されていると感じているアシスタントは、惜しみなくその力を発揮してくれる。あなたと職場のために、全力で努力してくれるのである。

「親友ハーブがプロ交渉人になったわけ」

私の子ども時代からの親友ハーブ・コーエンは、現在、プロ交渉人として活躍している。彼の著書『ＦＢＩアカデミーで教える心理交渉術（You can Negotiate Anything）』は、９ヶ月間もの間、ニューヨーク・タイムズのベストセラー・リストに載った。また、彼はカーターとレーガン政権下でテロ対策担当特別顧問も務めている。

ハーブの交渉人としての初仕事は、中学校時代だった。ベンソンハースト・ジュニア・ハイスクールの３年生の時のことだ。

当時、ハーブと私、そしてもう一人ブラジー・アベイトは友達３人組だった。同じクラスにモッポがいた。本名ではない。モップのようにふさふさの赤毛の髪をしていたので〝モッポ〟と呼ばれていたのだ。

当時、モッポは結核になってしまい、家族とアリゾナに引っ越すことになったのだが、私たち３人組はそれを学校に知らせるように頼まれた。

そこで、ハーブがある計画を思いついた。

「引っ越したと言わないで、モッポが死んだと言おう」とハーブは言った。学校に葬式の花代を出させて、ホットドッグやソーダを飲み食いしようと考えたのだ。

私たちの計画はあまりにもうまくいきすぎた。

モッポの家に電話をかけて、回線が切られていることを確認した学校側は、彼の死を悼んで葬儀の花代（私たちが豪遊するための軍資金だ）を用意した。

話はそれだけで終わらなかった。校長がモッポのために「ギルバート・マーメルスタイン記念賞（これがモッポの本名だ）」を設けて、優秀な生徒を表彰することを思いついたのだ。しかも、あろうことか、モッポの葬儀の花代を集めるという貢献（!?）で私たちを表彰すると言う。


モッポの追悼式は学校の講堂で行われた。校長はモッポの思い出を語り、私たちの行いをほめた。

その時、まるで狙ったかのように、モッポが講堂の出入り口に姿を現したのである。彼は体調がよくなったので（それは、うれしいことだ）学校に戻ってきたのであった。

はじかれたようにハーブが立ち上がり、モッポに向かって叫んだ。

「来るんじゃない、モッポ！　お前は死んでるんだよ」

事情を察した生徒たちは笑い始めた。しかし、校長は笑ったりなどしなかった。

私たちは校長室に呼び出された。コーエン校長は言った。

「君たちは3人とも停学だ。卒業はさせない。今年も、来年も、その先もだ。こんな卑劣な生徒は見たことがない」

私は校長の言葉を受け止めた。しかし、このタイミングで、ハーブは反撃に打って出たのだ。

「ちょっと待ってください、校長。それはやめた方がいいですよ」

「何だって？」

「そんなことをしたら、キャリアを完全に台無しにすることになりますよ」

「どういう意味だね？」

「ぼくたちが卒業できないのはわかりました。でも、ご自分はどうです？」

ハーブはじりじりと校長を追い詰めにかかった。

「ぼくたちが停学処分になれば、公聴会が開かれます。なぜ校長は3人の子どもの話を真に受けたのか――そう質問する人がいるはずです。なぜ確認しなかったのか、と」

「確認はしたんだ」と校長は言った。ハーブは言葉を続けた。彼は「校長先生」と呼ばずに、ずうずうしく「校長」と呼びかけていた。

「校長、確認が足りなかったんじゃないですか？　電話1本で『この電話番号は使われていない』と交換手に言われただけですよね。それだけで『死亡』と記録したということですよね。不良3人組の言葉を信じて……」

そこでハーブは決めセリフを言った。

「わかりました。ぼくたちは停学です。でも、校長。あなたは仕事を失いますよ」

彼は、しばらく口を閉じて、間を空けた。そして、穏やかにこう言った。

「この件は忘れることにしませんか？」

これがハーブの交渉人デビューだ。私が初めてのクライアントというわけだ。交渉の結果、校長はこの事件を忘れることに同意し、私たちを卒業させてくれた。

そして、ハーブはプロ交渉人への道を歩み始めた。現在、彼は国内トップの企業をクライアントとして、世界を舞台に活躍している。

ハーブは彼の著書『交渉ごとに強くなる法』で、銀行でローンを組むときの交渉について、次のようなアドバイスをしている。

こういう風にするのだ。

男なら、銀行ローンで買ったグレーのスリーピースを身につける。女なら、フォーマルなスーツを着る。友達を三人ほど（側近というわけだ）同じような身なりをさせて同伴する。銀行の中を通りぬけながら、こういう雰囲気を出すのだ。

「やあ、こんにちは！　社長の私が銀行の中を歩いていますよ。私を追いまわすのはやめてください。金はいりません。私は手紙を出しに行くところですから」

こうすれば、貸付係が銀行の外まであなたを追いかけてくる。息せききって家路への半分ぐらいまでついてくるだろう。

ハーブが言っているのは、**言葉だけでなく、外見やボディ・ランゲージにおいても、余裕を示さなくてはならない**ということだ。たとえ形勢は悪くても、強い立場から交渉しているふりをすることで、強気に出ることができるのだ。

短期的勝利を求めるな——ボブ・ウルフの交渉術

長年私のエージェントをしてくれたボブ・ウルフがエンターテインメントからスポーツまで、幅広い業界のトップをクライアントに抱えていたのは偶然ではない。ボブはクライアントには慕われ、ライバルからは尊敬された。彼の話し方は、彼の仕事のやり方と同じで、誠実で、プロフェッショナルで、ユーモアがあった。

私は「私のエージェントはボブ・ウルフです」と言うたびに、誇らしい気持ちになった。尊敬される人物がエージェントで、自分の株まで上がるような気がしたのだ。

交渉において、ボブは相手を脅したり、敵対的に話すことはなく、いつも、ごく普通に話した。

私の雇い主であるＣＮＮのテッド・ターナーに「こちらの条件をのまないと、今夜の『ラリー・キング・ライブ』は再放送を流すことになりますよ。私がスタジオには行かないようにラリーに言いますから」などと言うことはなかったのだ。

ボブは、**唯一の選択肢を受け入れるように相手に迫るのではなく、必ず複数の選択**

肢を用意して交渉に臨み「あなたには別の選択肢がありますよ」と相手に伝えた。

ボブは、短期的な勝利は求めなかった。彼はこう言っていた。

「短期的な勝利を求めるのは浅はかだ。一時的に余分な金が入っても、それで相手を遠ざけることになれば、それが最後の仕事になってしまうかもしれない」

つまり、一回の交渉で勝ったとしても、それだけでは、結局は損になるのだと考えていたのだ。**次の交渉でも勝てるように、相手とのいい関係を維持する**――これが、交渉をするにあたって何よりも大切なことである。

ミーティングは時間の無駄？――6つのヒント

「ミーティングはいいものだ」という言葉を聞いたことがない。誰もがミーティングの文句ばかり言う。だから、私はミーティングの弁護をしようと思う。

これだけは間違いなく言える。複数の人が一緒に何かを決めたり、何かに取り組む方法を考える必要がある場合〝よいミーティング〟は最も効果的で効率のいい方法だ。

確かに〝悪いミーティング〟は拷問のようなものだ。これは、ご存じのことだろう。

効果的なよいミーティングを行うヒントをまとめてみた。

ヒント1 「参加しない」という選択肢を考える

ミーティングで時間を無駄にしないためにはどうしたらいいのか？

出席しなければいいのである。

あなたが出席する必要がないなら、失礼させてもらおう。何か別の予定があることにして、スマートに欠席を伝えればいい。

ヒント2 発言は控えめにする

ミーティングに出席しても、話し合うテーマに自分が関係していないなら、会話に参加するのは避けるべきだ。

自分を印象づけるために発言する人がいる。しかし「何事にも口を挟みたがる人」と思われるよりは、「必要な時にしか話さない人」と思われる方がずっといい。

第30代大統領のカルヴィン・クーリッジ（1923〜1929在任）は口数が少ないことで有名で「寡黙なカル」というニックネームがついたほどだった。

ある日ホワイトハウスのお茶会に招かれた女性団体のメンバーが彼にこう言った。

「大統領閣下、私は他のご婦人たちとちょっとした賭けをしているんですのよ。私なら大統領閣下に三言以上しゃべらせることができる、って」

それに対するクーリッジの返事はこうだった。

「あなたの負けだ（You lose.）」

その女性は見事に賭けに負けてしまった。

こんな無口なクーリッジ大統領が口を開いたなら、周囲の人は最高の注意力を発揮して耳を傾けたはずだ。これだけは間違いない。賭けてもいい。

ヒント3　他の参加者に恥をかかせない

ミーティングに出席していると、ひどい発言を山のように聞かされることが多い。しかし、「あなたの発言は間違っている」「何でそんなバカげたことが言えるのか」などと言いたくなる気持ちは抑えよう。これもまた人生なのだ。

たとえそれが真実だとしても、ほんの一瞬で長年の敵を作ることになる。そんなことをしても得にはならない。

ヒント4 あえて〝おろかな質問〟をする

たいていのミーティングでは、誰かの発言を肯定し、その流れに沿って話が進むことが多い。

だから、初めの段階で、その場の最高権力者が発言をすると、残りの時間は全員が賛意を示すだけで終わってしまう。

そんな流れを断ち切るために、あえて、話の流れがわかっていないふりをして「でも、裸の王様は寒いんじゃないでしょうか？」的な〝おろかな質問〟をしなくてはならないときがある。

ヒント5 準備なしに話さない

発言する必要がある場合や、何か特別に言いたいことがある場合は、事前にメモを作っておこう。準備しないと、どうしても話が長くなる。それでは、同意が得にくくなるからだ。

話が長くなるのは、余計な話をしたり、言葉に詰まったりするからだ。長い話が効果的であることはまずない。

ヒント6　積極的にユーモアを使う

ミーティングには笑いも必要だ。延々と続いて、終わる気配のないミーティングでは、なおさらだ。

知り合いの政府関係者のエピソードを紹介しよう。1980年代初期のことだが、当時、賃貸マンションをコンドミニアム（分譲マンション）として売り出す計画が各地で進んでいて、彼はその件についての長い退屈な会議に出席していた。

会議はダラダラと続き、生産的ではなくなっていた。それなのに、進行役の事務局長に会議を終了させる気がないのを見て取った彼は、真顔でこう言った。

「私はカトリック教徒なのでコンドミニアムには反対です」

カトリック教会が避妊のためのコンドーム使用を禁止していることにかけたのだ。

会議は間もなく散会となったそうだ。

司会は準備が9割だ——司会のための3つのヒント

ミーティングの司会をすることになったら、まず思い出すべきは、**司会をするなら1にも2にも3にも準備が重要**だということである。

ミーティングの議題は何なのかをはっきりさせておこう。その**ミーティングで話し合うべきことを事前にメモに箇条書きにして、目の前に置いておく**だけで、司会はグンとうまくできるようになる。

あなたの進行でミーティングの目的を達成すれば、あなたも出席者たちも満足して会議室から出られるだろう。

ミーティングの司会で心得ておきたいヒントを何点か挙げておこう。

ヒント1　予定の時間通りに始める

当たり前のことだが、実際には、時間通りに始まらないミーティングはとても多い。

開始時間が10分以上も過ぎているのに、遅刻した人たちがゾロゾロと部屋に入ってくる、などというのは最悪である。

ミーティングの最初に、世間話をする必要もない。着席して最初の話題が昨日のサッカーの試合結果では、ミーティングの勢いが削がれてしまう。

ヒント2　具体的アクションと担当者を決める

ミーティングの議題を事前に決めておくのが大切だということはすでに話したが、各議題について話し合ったら、最後に必ず2つのことを決める必要がある。

それは「取るべき具体的アクション」と「担当者」だ。この2点を決めなければ、せっかくの話し合った結論が、結局は実行されないまま終わってしまう。

ヒント3　自信を持って場を仕切る

司会は、時間を無駄にしたり、議論に勝つことを目的にするような参加者が出ないように目を配る必要がある。

問題の参加者に、直接注意する必要はない。時間が足りないことを理由にすればいいのだ。こう言えばいい。

「申し訳ありませんが、次の議題に移る時間です」

心配しなくていい。決めるべきことを短い時間で決めるのが、司会者の役割だ。参加者からは感謝され、あなたへの信頼も上がる。ダラダラと話し続けるままにして、ミーティングを失敗させるよりもずっといい。


最後に、シェイクスピアの言葉を拝借して、ミーティングについて一言。

「ブルータス、ミーティングが悪いのではない。罪は我々自身にあるのだ」

ミーティングで失敗しないように、この言葉を胸に刻んでおいてほしい。

プレゼンテーションは「見せ方次第」だ

プレゼンテーションで大切なのは「どう話すか」だけではない。**スライドやチャートなどの視覚資料を効果的に使って**、**発言の内容を視覚的に補う**ことが求められる。
視覚資料を使う場合には、**事前の練習が必須**だ。どんなに素晴らしい資料を用意しても、操作にまごついて話を中断したり、チャートやスライドの上下がひっくり返っ

ていたりしては、効果が台無しになってしまうからだ。

政治の世界では、古くから視覚資料が使われているが、時には巧妙なトリックが仕掛けられることがあるから覚えておこう。

ケネディ大統領が著書『平和の戦略（The Strategy of Peace)』で紹介した政治家の巧妙なプレゼンテーションの話を引用する。

1842年に締結されたアメリカとカナダの二国間条約ウェブスター＝アシュバートン条約は、どちらの国でも評判が悪かった。ウェブスター国務長官とアシュバートン卿は、各々の国民から自国の権利を犠牲にしたと糾弾された。

2人が自国を説得することができたのは、各々が異なる地図を使ったからだと言われている。ウェブスターとアシュバートンはそれぞれ違う地図を自国の議員に見せて、自分たちの方が有利な条件だと説明したのだ。

相手を煙に巻く裏技がある

わかりやすく伝えることはいつでも大切な基本である。しかし、時には、あいまいに話した方が、事が有利に運ぶ場合がある。

政治家はその道のプロだ。**実際には何も意味していない言葉を使って、言質を取られないように答える**という技術を使っている。

こうした話し方は〝ステンゲル語〟と呼ばれている。発明したのは、政治家ではなくニューヨーク・ヤンキースの監督ケーシー・ステンゲルだ。

ステンゲル監督は、実際には何も意味していないことを大いにしゃべるという技術を芸術の域にまで高めた人物だ。

１９５８年７月９日に行われた上院の公聴会での証言は、ステンゲル語の最高のパフォーマンスとして今でも語り草になっている。

ステンゲル監督は、ヤンキースのスター選手ミッキー・マントルをはじめとする球団の選手代表らとともに証人として召喚された。彼の発言を紹介しよう。

そうですね、現時点では、球団は選手のためにこの面では前進したと言えるでしょう……。ですが、私は年金制度には加入していないのでね。ここにいる若者たちは球団の代表として来ているわけですがね、彼らは選手を代表しているわけです。

それで、私は加入者ではないので、基金から年金は受け取らないのでね、そう言えば、あの人は受け取れるんだったかな……まあ、とにかく、選手にとっては素晴らしいことだと思いますよ。

それは選手について言えることでしょうね、進んだ年金基金を持っているということがね。ラジオやテレビのおかげと言えるでしょうね。そうでなければ、ああいう種類の金を払うだけの十分な資金はないでしょうから。

この発言でステンゲル監督はカオスを生み出した。議員は抗議した。

「ステンゲルさん、私の質問の意味が伝わらなかったのでしょうか？」

ステンゲル監督はこう答えた。

「かまいませんよ。私の答えも完璧ではありませんから」

議員はなんとか踏みとどまってこう言った。

「私が質問したいのは、球団はなぜこの法案を可決したいのか、なのですが」

監督は〝ステンゲル語〟で話し続けた。

それはわかりません。

ですが、法案を通したいのは、野球は一番給料の高い球技ということになっていますが、そういうことにしておきたいからだと言えるでしょうね。

それで私は球界の人間として話しているわけで、他のスポーツのことは何とも言えません。そういった他のスポーツについて話すためにここにいるわけではないのでね。

私は球界の人間ですから。

野球は現時点で、過去１００年の間に誕生した業界の中で最もクリーンに運営されていますよ。

テレビのことや球場に入る収入のことを言っているわけではありません。それは別に考えないといけません。私もそのことはよく知りませんしね。

私に言えるのは、現時点で野球選手の年金は以前よりよくなっているということですね。

議員は、質問に対する回答を得ることができないまま、イライラを募らせた。そこでほこ先を変えて、監督の隣に座っているマントル選手に質問した。

「マントルさん、何かご意見がありますか？」

マントル選手はマイクに向かって言った。

「ステンゲル監督とだいたい同じ意見です」

見事な連携プレーだ。

第6章

「達人のスピーチ術」
聞き手を魅了する

How to Give a Speach

基本をマスターすれば
スピーチは会話より簡単だ

世間では「スピーチにはコツがある」ということになっているようだ。

実際、スピーチに関する本は山のように出版されている。秘訣を習得すれば、うまく話せるようになる、というのである。本当だろうか。


私は年に何回も講演やスピーチをしている。私がまず心がけているのは**「スピーチも普通の会話も変わりない」と思って自然に話す**ことだ。

そう考えると、ある意味では、スピーチは会話よりも簡単だと言える。話の進め方を完全に自分でコントロールできるからだ。

同時に問題となるのは「とにかく何かを話さなくてはならない」ということである。「そうなんですか？　その話、もっと聞かせてください」などとごまかすことはできないし、「失礼。ちょっとトイレに……」と言ってその場から逃れることもできない。

「知らないこと」は話さない

さて、スピーチで最も重要な秘訣をお教えしよう。それは**「自分が知っていること**

について話す」ということである。

当たり前だと思うかもしれないが「自分がよく知らないことについてスピーチをする」という過ちをおかす人はとても多い。

知らないことについて話すと、次の２つの危険に身をさらすことになる。

危険１（聞き手の方が知識がある場合）退屈させてしまう。
危険２（よく知らないから不安になって）落ち着いて話せない。

だから、自分のよく知っていることについて話すようにしよう。

スピーチのテーマとして**大きなテーマが与えられたとしても、個人的経験を元に話す**という方法がある。

もしもあなたがエルサレムに旅行に行ったとして、そのことについてスピーチするなら「イスラエルとＰＬＯの平和条約」などというタイトルにしない方がいい。

自分の目で見たことについて語り、自分がどういう影響を受けたかを話すべきだ。

その方が落ち着いて話すことができるし、興味深い話ができるはずだ。

13歳でも大人を魅了できる——私の初スピーチ

私は13歳の時、バル・ミツバーで初めてのスピーチをした。バル・ミツバーとはユダヤ教徒の成人式のことである。

13歳の少年が話せるテーマがそういくつもあるはずがない。だから、私は自分が最もよく知っていること「父について」話すことに決めた。父は3年前に他界し、母は生活保護から抜けるため必死に働いていた。

私は父の思い出を、父のことをよく知る人々と分かち合うことにしたわけだ。

父はエディーズというレストランで週6日働いていたが、時間がある時にはいつも自分と一緒に過ごしてくれた——そう私は話した。

ハワード・アベニューを散歩しながらおしゃべりしたことも話した。父はアイスクリームを買ってくれた。

「お母さんには言うんじゃないぞ。もうすぐ晩御飯なのに、と叱られるからな」

私には、アイスクリームよりも、父とのおしゃべりが楽しく大切だった――そう話した。

父は私に、1941年にルー・ゲーリッグ選手の葬儀に参列した時のことを話してくれた。

父は私に「アメリカにいられることがうれしい」とも言っていた。父は20歳の時にロシアを離れ、アメリカにやって来たのである。

「父のことを思い出すと、サラトガ・パークでおしゃべりをした時の父の声が聞こえてくる」――私はそう話した。

父の思い出を語るという選択は正しかった。よく知っていて、自信を持って、落ち着いて話せるテーマだったからだ。

話し終わった後、大人たちは私のスピーチをほめてくれた。私としても、父の思い出を彼らと共有できたことがうれしかった。

この初めてのスピーチは「話すことを仕事にしたい」と私が考えるようになったきっかけである。

スピーチは3段構成でまとめよう

スピーチはシンプルな構成にしよう。自分の考えを効果的に伝えることができるからだ。

［最もシンプルで効果的なスピーチの構成］
最初に：「何について話すのか」を説明する
次に　：そのテーマについて話す
最後に：「何について話したか」をまとめる

最初にテーマを説明する理由は、予告することで、聞き手が話の内容を理解しやすくなるからだ。

最後に、話のポイントを要約すると、聞き手は自分の理解を確認できる。話の内容もさらに印象に残るようになる。言い回しを変えて話をまとめられたら〝スピーチの達人級〟だと言っていいだろう。

スピーチはボーイスカウトに学べ!? ——2つの準備方法

「備えよ常に」

これはボーイスカウトのモットーだ。スピーチの秘訣も同じ。備えることが、上手にスピーチをする極意である。

一度スピーチで話したことのあるテーマについて話すのでもない限り、準備は必ずしなくてはならない。

スピーチの準備には、次の2つの選択肢がある。

方法1　スピーチ原稿を書く

スピーチを一言一句すべて原稿の形に書き出して、それを読むという方法だ。最も一般的で間違いのない方法だろう。

この方法の注意点は、事前に何度も原稿を声に出して読む練習をしておくことだ。

なぜそうするかといえば、スピーチの本番では、できるだけ聞き手の方を見た方がいいからだ。

ずっと原稿ばかり見て、聞き手と目を合わせなかったなどということがないように気をつけよう。

方法2 要点をメモしておく

要点だけをメモしておいて、それを見ながら話す方法もある。

この方法のメリットは、原稿を読むよりも、自然な話し方ができることだ。

それに〝緊張のあまり、最初から最後までずっと原稿を見ていた〟という失敗をしなくてもすむ。

メモの形式は人それぞれだから、いろいろと試してみてほしい。A4用紙1枚にまとめる人もいるし、もっと小さいファイルカードの方が話しやすい人もいる。

事前のリハーサルを欠かさずに

どちらの方法を選んだとしても、事前の練習が大切だ。理由は、スピーチの内容を頭に入れて、スピーチに慣れておくためだ。

一人で練習するなら、鏡の前で話すといい。家族や友人に頼んで、彼らを聞き手に見立ててリハーサルするのもいい方法だ。

もうひとつ、**リハーサルのポイントは、時間を測ること。**自分が思っているよりも長かったり、短かったりする可能性は高い。

いつ終わるのかわからないようなスピーチを延々と続ける人がいるが、ああなってしまうのは準備していないからだ。

事前に、自分に割り当てられた時間を確認しておいて、その時間通りになるようリハーサルの段階で調整しなくてはならない。

ゾッとするスピーチの思い出

私は、仕事を始めた頃、スピーチを頼まれればどこにでも出かけて行った。早くプロとして認めてもらいたかったからだ。

条件は何もつけなかった。

「謝礼はいくらでも結構です」「予算がないんですか？　ならタダでやりますよ」「時間と場所を教えてください。必ず行きますから」というわけだ。

ある日、ラジオ局の私の電話が鳴った。

「キングさん？　ブーム・ブーム・ジョルノだ。11月3日。場所は戦争記念館。チャリティー・ディナーだ。歌手のセルジオ・フランキが歌って、あんたは司会。ブラックタイで。時間は午後8時。それでは当日よろしく」

ガチャッ！　電話は切れた。


数カ月後、約束の場所でブーム・ブームはにこやかに出迎えた。

「来てもらえてうれしいよ」

本当に？　私は心の中で思った。

楽屋で歌手のセルジオに「今回はどうやって呼ばれたのか？」と質問してみた。

「いきなり電話があったんですよ」とセルジオは答えた。

出番の直前、ブーム・ブームは私にこう指示した。

「出番だ。何でも好きなことをやってくれ。時間は20分。最後にセルジオを紹介する。

観客席の照明はつけるな。敵がたくさん来ているからな」

「敵？　……どういうことですか？」

「商売上の敵だ。ＦＢＩもいる。だから、客席は暗くしておいてくれ」

私はそれなりに笑いを取り、セルジオを紹介して、席に着いた。ディナーが終わると、ブーム・ブームが上機嫌でこう言った。

「ラリー、あんたの司会はよかったよ！」

私は礼を言った。

「冗談抜きで、本当によかったぜ」

私は再び礼を言った。

「ラリー、あんたには借りができたな」

「そんなことはありません。私も楽しませてもらいました」

そこでブーム・ブームは私に〝ある質問〟をした。そんな質問をされたのは、人生で後にも先にもその時だけだ。

その晩は月夜だった。海の上にかかった月の位置まで覚えている。秋の晩の空気はひんやり冷たかった。そして、ブーム・ブームがその質問を口にした時、自分の背筋に悪寒が走ったことも、すべて覚えている。

「あんた、誰か気に入らない奴がいるだろ？　名前を言ってみな」

私は、気に入らない奴のことを頭の中で思い浮かべた。だが、すぐに理性が働いた。誰かが殺されるようなことがあってはならない。

本人は知らないことだが、私はその晩、チャンネル4《フォー》の局長の命を救った。彼の名前を告げるかわりに、私はこう言った。

「お気持ちはうれしいですが、結構です」

すると、ブーム・ブームは別の質問をした。

「あんた、競馬は好きかい？」

「ええ、好きです」

「連絡するよ」

3週間後、ラジオ局の電話が鳴った。

「ハイアリア競馬場。第3レース。アップル・トゥリー」

ガチャッ！　それだけだった。

その時、私は800ドル持っていた。さらに人から5000ドル借りて、1300ドルすべてをアップル・トゥリーに単勝で賭けた。


第1レースと第2レースを見ている間、私はこう考えていた。

「人生には3つ確実なことがある。誰もが死ぬ。税金は払わなくてはならない。そして、第3レースでアップル・トゥリーが勝つ」

第3レースは特に変わったこともなく進行した。そして、アップル・トゥリーが勝った。配当金は12ドル80セント。私は8000ドル近く儲《もう》けたわけだ。

ブーム・ブームもほっとしたに違いない。私への借りを返したわけだから。

スピーチで気をつけるべきこと——4つのポイント

スピーチのポイントをまとめてみた。私自身が経験上知っていることと、他の講演

者を観察して気づいたスピーチの達人の共通点だ。

ポイント1 聞き手を見る

原稿やメモから顔を上げて話すこと。これが何よりも大切だ。アイコンタクトの重要性はすでにお話しした通りである。

原稿やメモを見たら、顔を上げるたびに、客席の異なる場所に目をやるようにしよう。そうすれば、どの人も自分が話しかけられているように感じるはずだ。

ポイント2 話す速度、声の大きさに変化をつける

原稿を書いたら、強調したい文章に下線を引いておくと話しやすくなる。メモを使う場合も同様だ。強調したいポイントを蛍光ペンでチェックしておこう。

これは2つの意味で役に立つ。まず、話の大切な部分を確実に強調することができる。そして、退屈な一本調子で聞き手を眠らせてしまわずにすむ。

特に食後のスピーチでは、意外と大切なポイントになる。

ポイント3 背筋を伸ばして立つ

背筋は伸ばそう。ただし、訓練中の兵隊のように力の入った姿勢を取る必要はない。リラックスした楽な姿勢がいい。

よくないのは、スピーチ用のデスクに覆いかぶさるような姿勢になることだ。前かがみになって話すと、呼吸がしにくくなる。見た目もとても悪い。

ポイント4 マイクの高さを調節する

スタンドマイクを使う時には、高さを調節しよう。自分の方からマイクに合わせて、背中を丸めて話してはいけない。

マイクを使うと大声になってしまう人がいる。マイクを使う時も普通に話せばいい。そもそもマイクはそのための物だ。

マイクを使う時、もうひとつ注意すべきは顔の向きだ。顔をあちこち動かしながら話してはいけない。横にいる人から質問を受けた時にそちらを向いて答えるのもダメだ。マイクが音を拾える範囲内で話すように注意しよう。

ユーモアは「スピーチの達人」の武器だ

スピーチをする時には必ず「退屈している人がいる」と思っておいた方がいい。私がスピーチで、あまり長い間まじめに話さない方がいいと考えるのはそのためだ。まじめなテーマについて話している場合も、ユーモアは聞き手に喜ばれるものだ。

ユーモアを使う時に余計な一言はＮＧである。

「つまらない冗談ですが……」

「先日おもしろいことがありました……」

「笑い話をします。すごくおかしな話なんです」

「こんなジョークがあります。ご存じの方もいるでしょうがお話ししますね」

こんな前置きをしては、せっかくのユーモアも台無しである。

ジョークを言った後に「冗談はさておき」と言うのがダメなのも同じ理由だ。

ユーモアを上手に使うのは、確かに簡単ではない。スピーチにうまくユーモアを取り入れる方法を、私の例を参考に考えてみてほしい。

企業の管理職を相手に「ビジネス戦略とその実行」というテーマでスピーチをするとしよう。そんな場合に私が話すエピソードを紹介する。

コメディアンのウィル・ロジャースは、第1次世界大戦を終わらせることができると豪語していました。彼はこんな風に言っていました。

「私が見たところ、最大の問題点はドイツのUボートがわが国の潜水艦を沈没させていることだ。そこで私は大西洋を熱して沸騰させることを提案したい。そうすればUボートは水面に上がって来る。それを待ちかまえて、狙い撃ちにすればいい。オクラホマではハンティング・シーズンにはそうやって狩りをしている」

そしてロジャースはこう付け加えました。

「大西洋を沸騰させる方法？　それは専門家の仕事だ。私は戦略担当だからね」

聞き手がひとしきり笑ったら、この**ユーモアをスピーチのポイントと結びつける**のである。

「これが戦略を立てることと、実行することの違いです」

相手が企業の現場のスタッフなら、さらにこんな風に言えばいい。

「こんな戦略を考える経営者がいるのは素晴らしいと思いませんか？　挑戦すべき目標を与えてくれるわけですからね」

第7章

達人の一歩先へ！「スピーチ術・上級編」

Again?
More Notes on
Public Speaking

聴き手は敵ではない。
味方にしよう。

聞き手は誰？ 相手を知ることが大切だ

スピーチの聖書《バイブル》があるなら、そこには必ず「汝《なんじ》の聞き手を知れ」と書かれているはずだ。そうすることで初めて、聞き手とよい関係を結ぶことができるからだ。

このように話し手が聞き手と関係性を築くことを、あるベテランのスピーチライターは「同じ舞台に立って話す」と表現していた。

聞き手についてあなたが知るべきは、以下の3つだ。

「聞き手について知るべき3つのポイント」

ポイント1 どんな人か？

ポイント2 何に興味があるか？

ポイント3 あなたから聞きたいことは何か？

もしも、あなたがよく知らない企業や団体からスピーチを頼まれたら、次の質問リストで、事前に相手のことを調べておくといい。

［スピーチ依頼者への質問リスト］
質問1 どんな組織ですか？　目標は？　目的は？
質問2 メンバー構成は？　年齢や学歴、専門は？
質問3 組織の課題は？　今、直面している問題は？
質問4 聞きたい話の内容は？
質問5 スピーチの時間は？
質問6 スピーチ後、質問を受ける必要は？

以上を事前に確認しておこう。
私の古くからの友人、コメディアンのサム・レヴェンソンは、こうした情報を活かして、見事に聞き手と関係を結んでいる。例えば、ある講演では、サムはこんな風に話をしている。
「私の父はまだ若い頃にこの国にやって来ました。アメリカはチャンスにあふれる国で、道路は金《ゴールド》で舗装されていると聞いたからです。でも、実際にアメリカに来て、父は3つのことを知りました。

1　道路は金《ゴールド》で舗装されていない。

2　そもそも道路は舗装されていない。

3　道路を舗装するのは自分の仕事だった――この3つです」

この講演の聞き手は、労働者階級で、父親や祖父の代にアメリカへ移住してきた人たちばかりだった。**事前に聞き手のことを調べておき、聞き手と自分の共通点を話題に盛り込む**ことで、サムは聞き手を味方につけたのである。

期待を裏切れ！　意表を突くのも効果的だ

聞き手の期待を裏切る話をすることで、スピーチを成功させる方法もある。これは上級編としてご紹介しておこう。

私がまだ無名の若い時に、検事と警察署長を相手にスピーチした時の話だ。

マイアミビーチホテルでの、全米地方検事協会と国際警察署長協会の合同晩餐会のことだった。

その日のメインの講演者は、フロリダ犯罪委員会委員長フランク・サリヴァン。主催者によると、残念ながらサリヴァンは話がうまくないので、彼の後に私が話して、場を盛り上げてほしいというのである。

案の定、サリヴァンはダラダラと一本調子で話し続け、2000人の会場に催眠術をかけてしまった。彼の妻さえ眠ってしまったくらいである。

私の座っている場所からは、制服姿の警察署長と検事たちがウトウトと居眠りをしているのがよく見えた。

サリヴァンは30分も話し続けた。彼が話し終えると、みな目を覚まして、帰ろうとした。うろたえた主催者はマイクに向かって早口で言った。

「みなさん、お帰りになる前に、私のよき友ラリー・キングです」

今度は私がうろたえる番だった。

私は無名だった。しかも、目の前の2000人は、史上最悪のスピーチを聞かされて、ぐったりと疲労し、早く帰りたいと思っている。

私はマイクの前に立ち、今なら口にできないことを言った。デビューしたばかりの無名アナウンサーだから言えたのだ。私は声を張りあげた。

「私はアナウンサーです。放送の世界には〝均等時間割り当てのルール〟があります。サリヴァン氏が犯罪反対の話をされたので、私は犯罪賛成の立場で話をします」

帰りかけていた人々が立ち止まった。私は続けた。

「モンタナ州ビュートに住みたい方はいらっしゃいますか？」

誰も手を挙げなかった。

「ビュートは最も犯罪率が低い都市です。昨年は1件も犯罪が起きていません。でも、ビュートに住みたいという人は1人もいません」

そして私は2つの質問をして、自らそれに答えた。

「アメリカの観光都市ベスト5をご存じですか？　ニューヨーク、シカゴ、ロサンゼルス、ラスベガス、マイアミです。では、犯罪発生率ワースト5の都市は？　ニューヨーク、シカゴ、ロサンゼルス、ラスベガス、マイアミなんです。結論は明白です。犯罪は観光客を呼ぶ。みんな犯罪の多い場所に行きたがるんですよ」

これでサリヴァンの妻も目を覚ましたはずだ。

「犯罪にはメリットがあります。金が地元に落ちることです。不法な賭博のお金に政府は関与できません。だから、地域社会にお金が留まるんです」

私は、確かにその通りだ、と自分で感心した。

「もうひとつ。サリヴァン氏のご提案に従えば、犯罪を一掃できるでしょう。すると、どうなります？　この会場のみなさんは全員、失業してしまいますよ」

歴史に残る名演説とは言えないかもしれない。しかし、死んだようになっていた聞き手に興味を持たせることには成功した。**聞き手がまさかと思うような角度から話したから**である。

マリオ・クオモはなぜスピーチの達人なのか？

もっと、まじめなエピソードも紹介しよう。ニューヨーク州知事マリオ・クオモが聞き手の気持ちを捉えたスピーチについてである。

数年前のこと、私はニューヨークで保安官の昼食会の司会をやった。クオモ知事が講演者として出席していた。事前に、私は知事に質問した。

「今日は何を話すのですか？　あなたを紹介する時のために教えてください」

「死刑に対する反対意見を述べるつもりだよ」

「それは名案ですね。会場には保安官が1000人もいます。全員が死刑賛成派だ。それなのに死刑反対を唱えるなんて……。スピーチは大成功しますよ」

意外なことに、スピーチは本当に大成功した。

知事が「死刑には反対だ」と言い、その理由を説明すると、保安官だらけの会場は大いに沸いた。クオモ知事の勝因には2つの理由があった。

勝因1　「熱意」を持って話した
勝因2　賛否両派の「意見に精通」していた

クオモ知事は演説の名手だ。しかし、彼のような才能はなくても、彼のスピーチから2つのことを学ぶことができる。
ひとつは**「準備の重要性」**だ。

クオモ知事は、事前に聞き手のことを調べていた。そして、そのスピーチのテーマである死刑問題についてもしっかりと調べ、考え抜いていた。だから、聞き手にも、ただのウケ狙いで常識外れな話をしているのではないことが伝わったのだ。

もうひとつは「**熱意の重要性**」だ。

クオモ知事には、死刑などという問題になりそうなテーマを扱わないという選択もあった。実際、たいていの政治家はそうする。

しかし、彼は自分が本当に大切だと考えているテーマを選んだ。そういう熱意があったからこそ、聞き手の心をつかむスピーチができたのだ。

スピーチの鍵は「簡潔さ」だ

よく英語の授業で聞かされるこんな話はご存じだろうか。

ある人が友達から長い手紙をもらった。その手紙の最後にはこう書かれていた。

「長い手紙でごめんなさい。短い手紙を書く時間がなかったのです」

実際、簡潔な文章を書くのは難しいものだ。よく知っているテーマについて書くと、なおさら長文になってしまう。

しかし、手紙に限らず、どんなコミュニケーション方法を取る場合でも、事前に少し時間を取って、話を簡潔にまとめておくのは大切なことである。

簡潔さは、スピーチでも重要なのだ。

ショービジネス界の金言「引き際を知る」はここでも役に立つ。スピーチのうまい人は、引き際を心得ているのだ。

歴史に残るリンカーンの演説は、たった5分だった

エイブラハム・リンカーンがいい例だ。

1863年11月、リンカーンの有名なゲティスバーグ演説は、実は5分にも満たない短い演説だった。

当日、リンカーンの前には、当時〝最高の演説者〟と言われていた政治家エドワー

ド・エヴァレットが2時間に及ぶ大演説を行っている。だが、今日どちらの演説が人々の記憶に残っているかは言うまでもない。

後にエヴァレットはリンカーンにこのような手紙を書き送っている。

「大統領閣下が2分間でまとめられたこの式典の核心に、私が2時間かけて多少なりとも迫ることができていたならうれしいのですが」

すぐれた大統領は就任演説が短い!?

大統領就任演説は、アメリカの国民が聞かされる最長のスピーチのひとつだ。しかし、歴代大統領の中には極めて短い就任演説を行った人物もいる。

最も有名で、よく引用されるのは１９６１年１月20日にジョン・Ｆ・ケネディ（１９６１〜１９６３在任。１９６３年に暗殺された）が行った就任演説である。低調な時代だった１９５０年代の終わりにケネディはこう呼びかけて、国民の意欲を大いにかき立てたのだった。

「国家があなたのために何をしてくれるのかではなく、あなたが国家のために何ができるのかを問いたまえ」

ケネディの就任演説はたった15分の短さだった。

チャーチルはたった一言で若者を鼓舞した

ウィンストン・チャーチルはさらに短い演説を行っている。

第2次世界大戦の初期、チャーチルは自分の母校ハーロー校（ロンドン郊外の有名な男子校）に招かれた。

イギリスがヒットラーによるロンドン大空襲で分が悪い戦いを続けている状況下で、チャーチルはヨーロッパの指導者として、尊敬を集めていた。彼が母校の後輩たちに贈った言葉はこうである。

「絶対に屈するな――絶対に、絶対に、絶対に！　大事であれ些事《さじ》であれ、名誉と良識が許さぬ限り、絶対に屈してはならない」

そう言うと、彼は着席した。彼の演説はそれで終わりだった。

私たちは、戦争や平和や国家の存亡についてスピーチをする機会はまずないが、スピーチで偉大な成功を収めた政治家から学ぶことはできる。

彼らから学ぶべき最大のポイントは「簡潔に話す」ということだ。

リンカーン、ケネディ、チャーチルが共通して心がけたことを見習わない理由があるだろうか。

KISSの法則――シンプルにしておけよ、この間抜け

リンカーン、ケネディ、チャーチルの演説からは、もう一つ別のルールを学ぶことができる。

彼らは「平易な言葉で話す」というルールを守っている。これは、いわゆる「KISSの法則」だ。

KISSとは、「Keep It Simple, Stupid.（単純にしておけよ、この間抜け）」という表現の各単語の頭文字をつなげたものである。

言葉が悪いが、意味するところは「単純さが成功への鍵」「複雑さは避けるべき」だということである。

この言葉通り、リンカーン、ケネディ、チャーチルの3人は**大げさな言葉・複雑な表現・専門用語・流行り言葉は一切使わず、シンプルな表現に徹した。**だから心を打

つスピーチになったのだ。

この点でも彼らを見習おう。そうすることで、伝えたいことをはっきり伝えられるようになるからだ。

第8章

番組史上「最高のゲスト」「最悪のゲスト」は？

My Best and Worst Guests, and Why

よいゲストからも悪いゲストからも
学べることがある。

「ラリー・キングの番組史上、最高のゲストと、最悪のゲストは？」

私が講演会で、一番よく質問されるのがこれだ。

この章では、この質問に答えてみようと思う。「伝え方上手」になる大切なポイントが見えてくるはずだ。

よいゲストには「4つの条件」がある

私と「ラリー・キング・ライブ」のプロデューサーが、番組に招くゲストを決める時には、4つの条件を考えることにしている。

この条件には「話題性があるか？」とか「スケジュールがあうか？」といったよくある基準は入っていない。私たちが長年の番組の経験から編み出した独自の判断基準である。

4つの条件をすべて満たす人は間違いなく素晴らしいゲストになる。番組では、4つのうち最低3つの条件を満たす人をゲストに招くようにしている。

［よいゲストの4つの条件］

条件1　自分の仕事に情熱を持っている

条件2　自分の仕事をわかりやすく説明し、もっと知りたいと思わせる

条件3　いらだちと不満を抱えている

条件4　自虐的ユーモアセンスがある

おそらく条件3の「いらだちと不満を抱えている」には、ピンとこない方が多いだろう。しかし、実際にそうなのである。説明しよう。

大雪が降った1週間後「いつになれば、自宅前の道に除雪車が来るのか」と市役所の職員とやり合った人がいるとしよう。その人は誰よりも生き生きとした素晴らしい話し手になれる。

あるいは、デパートで声をかけた店員に「もう5時で仕事上がりの時間だから、他の店員に言ってくれ」と言われて頭に血が上ったら、そのことを話せば、この上なく刺激的な会話となる。

こうした話題は、誰でも同じような経験で腹を立てたことがあるから、皆が自分自身のエピソードを話したくなるのだ。会話はノンストップで続くだろう。

シナトラこそ史上最高のゲストだ

よいゲストの4つの条件すべてを満たしている人を、本書ではすでに1人紹介している。フランク・シナトラだ。

条件1　何と言っても彼は自分の仕事に情熱を持っている。
条件2　他の誰よりも歌手という仕事を理解している。
条件3　子ども時代からずっといらだちを抱えている。

では、条件4の自虐的ユーモアは？　フランクが話してくれたエピソードをひとつ紹介しよう。

自虐的ユーモアセンス抜群のシナトラ

シナトラが、ハリウッドのレストランで食事をしていた時に、コメディアンのドン・リックルズにある頼み事をされたエピソードを紹介しよう。

新婚のドンは妻の家族と一緒にテーブルについていた。シナトラの姿を見つけたドンが、彼のテーブルにやって来てこう言った。

「フランク、もしよかったら、ぼくの家族にあいさつしてもらえないだろうか？」

「もちろん、かまわないよ。ここに連れておいで」とシナトラは答えた。

すると、ドンは「こちらのテーブルに来てあいさつしてくれたら、妻の家族に鼻が高いのだが……」と言い、フランクは「わかったよ」と応じた。

しばらくしてから、シナトラはレストランを横切ってドンのテーブルまで行った。そして、彼の肩を叩いて「こんなところで友達に会えてうれしいよ」と言った。すると、ドンはこう返した。

「邪魔しないでくれよ、フランク。プライベートで来てるんだ」

シナトラはこのエピソードを実に楽しそうに話した。これこそが「よいゲストの条件」の4つ目の自虐的なユーモアセンスである。

シナトラ以外の素晴らしいゲストも紹介しよう。4つの条件のうち3つ以上満たしている人たちばかりだ。

テッド・ウィリアムズ

通算出塁率4割8分2厘の〝打撃の神様〟

メジャーリーグ史上最高のバッターだが、私にとっては、最高のトーク・ゲストである。シナトラ同様、4つの条件をすべて満たしている。
彼が素晴らしいゲストである理由のひとつは「大のマスコミ嫌い」だということである。**マスコミ嫌いの人は、よいゲストになる。**視聴者の共感を得やすいからだ。
マスコミをこき下ろしているゲストが、実際には、マスコミの宣伝効果で大いに助けられている、ということは珍しいことではないが、テッドはマスコミに助けられてバッターとしてのキャリアを築いたわけではない。
彼が番組でスポーツ記者をけなした時には、彼に賛同する電話がじゃんじゃんかかってきた。

また彼は、政治の話では、私を含めほとんどの人がついていけないほどの右寄りの意見を言う。

しかし、私は彼が大好きだ。番組のゲストとしても、１人の人間としても、である。

リチャード・ニクソン

ウォーターゲート事件で辞任に追い込まれた第37代大統領

ニクソン大統領は、４番目のユーモアセンスについては、ギリギリ合格だ。自分自身を茶化してみたりするのだが、あまりうまくいっているとは言えない。努力の割には結果が伴わないことが多かった。

だが、他の３つの条件では他のゲストを圧倒していた。素晴らしい話し手で、彼が番組に出演してくれる時は最高に楽しめた。

彼は最高の分析能力を持っていた。何事でも分析して、視聴者に解説することができた。もし私がテレビ局の経営者なら、ニクソンを雇って経営方針と長期目標、その達成方法を分析してもらうだろう。

ニクソンは、さらには彼独自の5番目の特性を備えていた。興味の範囲がとても広かったのである。

彼はショービジネスについても、流行の曲についても、野球についても話ができた。晩年のインタビューでは、政治家の道を選んでいなかったら、スポーツキャスターになりたかったと話していた。

興味の幅が広いというボーナス・ポイントもあって、ニクソンはどのトーク番組の司会者にとっても夢のゲストだった。彼が出演してくれる回は、話の種が尽きることを心配する必要がなかったからである。

ロバート・ケネディ

元司法長官・ジョン・F・ケネディの実弟

ロバート・ケネディもユーモアのセンスが卓越していて、素晴らしいトーク・ゲストだった。彼は、**自分のことを笑い飛ばしたり、ジョークのネタにして視聴者の共感を得る**ことができた。

政界にいた頃、彼は「冷酷な」という形容詞で語られることが多かったが、私はそ

ういう印象を受けたことはない。

意外に思う人もいるかもしれないが、私のゲストの中で最もユーモアがあっておもしろかった一人だ。笑顔も最高だった。

マリオ・クオモ
元ニューヨーク州知事

ニューヨーク州知事マリオ・クオモはアメリカで最高の話し手かもしれない。**彼は相手に考えさせる話ができる。**だから、インタビューはなかなかチャレンジングでもある。

私は１９８４年の民主党大会の有名な基調演説を聞いた。会場には熱気があふれていたが、あのような雰囲気はそう体験できるものではない。

会場で私の近くにいた州議員がこう言っているのを聞いた。

「あの男のことは知らないが、彼のおかげで自分がなぜ民主党員なのかを思い出せたよ」クオモ知事は、そういう力を発揮するのだ。

知事が１９５０年代にピッツバーグ・パイレーツのマイナーリーグで外野手をやっ

ていた頃の話を聞かせてもらったことがある。

投球が頭に当たって2試合ほど休んだ数日後、彼がフライを追いかけている時に、監督のブランチ・リッキーが姿を見せた。リッキーは才能ある選手を発掘することにかけては天才的な人物だった。

リッキー監督はクオモのところにやってくるとこう話した。

「君はメジャーまでは行けない。それだけの才能はないんだ。でも君はとても頭がいい。ロースクールに行きなさい」

クオモはそのアドバイスに従った。成功する人物が持っている2つの特質を彼も備えていたのだ。その特質とは、すなわち「よいアドバイスをもらった時に理解できること」そして「自分の才能や限界を率直に認めることができること」である。

ビリー・グラハム

有名なキリスト教伝道師

彼が他のゲストと違う点は、彼自身はいらだちや不満を抱えているわけではないことだ。しかし、彼は、いらだちと不満を抱える人を助けたいと考えている。

グラハムは精力的だが穏やかな人柄で、関心の対象は多岐にわたっている。1994年に『ラリー・キング・ライブ』に出演してもらった時は、ちょうど北朝鮮から帰国したばかりだった。北朝鮮の最高指導者・金日成からクリントン大統領へのメッセージを預かってきたのだ。

メッセージの内容を教えてもらえませんかとグラハムに言ってみたが、あっさり「無理です」という返事が返ってきた。まあ、当然だろう。

代わりにグラハムは、北朝鮮の現況について話してくれた。彼の話はいつもそうだが、その日の話も実に興味深く、勉強になった。

私とグラハムは司会者とゲストとしての相性がとてもいい。その理由は私が不可知論者だからだと、私は思っている。

無神論者ではない。不可知論者である。無神論者は神の存在を信じない。不可知論者は「神がいるのか、いないのか」は知りえないと考えている。つまり、確信を持てず、判断を保留しているのだ。

聖職者や神学者がゲストなら、不可知論者がインタビューをすると、話は最高に盛り上がる。

不可知論者は「確信を持てない人」だ。だから「なぜですか？」という質問を連発することになる。すでに話したように**「なぜ？」という質問は、会話を盛り上げる鍵**である。

私の質問に対して、グラハムは人間味のある、わかりやすい答えを返してくれた。テレビ伝道師は何人もいるが、グラハムはずば抜けて説得力がある。私のテレビやラジオの番組に何度も出演してもらっているのは、そのためだ。

ダニー・ケイ
俳優・歌手・コメディアン

ダニーと私は気が合った。2人ともブルックリン出身という共通点があるが、それだけが理由ではない。

彼は愛すべき人物だった。純真な人柄が演技ににじみ出るタイプの素晴らしいパフォーマーだった。実際、本人に会うとスクリーンで見るダニー・ケイそのままの人物だった。

私の番組史上、最高の瞬間

ダニーに私のラジオ番組に出演してもらった時、リスナーの女性から電話がかかってきた。彼女はこう言った。

「まさかダニー・ケイと話す機会があるなんて思いもしませんでした。質問があるわけではないんです。でも、お話ししたいことがあって。私の息子はあなたの大ファンでした。憧れていたんです。あなたのモノマネをしたりして、いつもあなたのことばかり言っていました」

続く彼女の言葉は心をわしづかみにされるものだった。

「息子は19歳の時、朝鮮で亡くなりました。海軍で朝鮮戦争に行ったんです。息子の遺品にあなたの写真がありました。あの子のトランクに入っていた写真は、それ1枚きりだったんです。私はその写真を額に入れて、息子の最後の写真の横に並べました。私は30年間毎日、あなたの写真と息子の写真のほこりを払ってきました。このことをお話ししたかったんです」

ダニーはスタジオで泣いていた。私もだ。電話の向こう側でその女性も泣いていた。

ダニーは女性に質問した。

「息子さんには、お気に入りの曲がありましたか？」

「ええ。『ラグタイムの子守歌』です」

ダニーはその母親のためにそのヒット曲を歌った。バンドもなく、ピアノの伴奏もなく、アカペラで。彼は涙を流していた。

私もリスナーも、人間の心の一番大切な部分に触れていると実感できる時間だった。

私の番組史上、最高の瞬間だ。

ダニー・ケイの率直さがそれを可能にしたのだ。**人と共感し、自分の感情をありのまま見せるという率直さ**である。誰にでもできることではない。

期待外れのゲストは!?

おもしろい話をしてくれると期待していたゲストが、期待外れに終わることもある。こういうゲストからも学ぶべき点はある。たとえ、あなたがトーク番組の司会をやる予定はなくてもだ。

宗教に目覚めた歌手　アニタ・ブライアント

アニタ・ブライアントは以前は話がうまかったのだが、私の番組に出演した時は、宗教に目覚めた自分のことで頭がいっぱいの状態だった。

「宗教に目覚めた人」というのは、トーク・ゲストとしてはやっかいだ。神や宗教のことしか話さないからである。

宗教が問題なのではない。政治的見解であれ、個人的感情であれ、哲学的思想であれ、**同じことだけを何度も繰り返す人は、トーク番組の出演者としては残念なゲスト**である。

ジョークしか言わないコメディアン　ボブ・ホープ

コメディアンのボブ・ホープも同じ意味で期待外れのゲストだった。

ボブの場合は宗教ではなく、ある「話し方のスタイル」に取りつかれていた。すべての質問にジョークで答えようとするのだ。

彼はプライベートな社交の場ではそんなことはしない。だが、カメラが回っていると、ジョークを言いすぎる。抽象的な話も、内省的な話も一切しない。

視聴者が興味を持つテーマについて話してもらおうと努力したが、彼にとってはジョークを言うことの方が大切なようだった。コメディアンとしてはそれが当然なのかもしれないが、**会話はジョークばかりでは成立しない**のである。

神経を逆撫でするコラムニスト　ウィリアム・ラッシャー

コラムニストのウィリアム・ラッシャーは、よいゲストの条件を3つ満たしている。しかし、ある一点で、私の神経をひどく逆なでした。

ラッシャーは『ナショナル・レビュー』誌の元発行人。辛辣で独断的な記事を書く政治コラムニストだ。

ラッシャーが極右的な政治観を持っているから悪いゲストだと言っているのではない。極右でも、素晴らしいゲストはおおぜいいる。

ラッシャーはジョークを受け止められないし、他のゲストや視聴者の**異なる意見に耳を傾けることができない**。

あまりに卑劣な発言をすることもある。リチャード・ニクソンが亡くなった時、『ワシントン・ポスト』は、ラッシャーのこんな発言を引用した。

「ニクソンが信念を持たずに生まれてきたのは彼の責任ではない。サリドマイドの赤ん坊が腕なしで生まれてくるのが彼らの責任ではないのと同じことである」

この言葉を、ロバート・ケネディの報道官を務めていたフランク・マンキーウィッツの言葉と比べてみるといい。彼はニクソンをこう評した。

「ニクソンは成功したアメリカの政治家の中で、誰よりも自尊心が低かったと思う。彼は政界のウィリー・ローマンだった」

マンキーウィッツはニクソンを戯曲『セールスマンの死』の登場人物になぞらえたのだ。マンキーウィッツのニクソン評はバランスの取れた見方であり、多くのアメリカ人が同意するところだろう。

マンキーウィッツは60年代、ニクソン陣営と火花を散らして戦ったが、ニクソンに対して「いけ好かない奴」「どうしようもない」「ろくでなし」といった言い方はしなかった。

彼はニクソンを知る当時のアメリカ人の多くが賛意を示す冷静で道理にかなったニクソン評をしたのである。

一方、ラッシャーのニクソンに対するコメントは、ニクソンではなく、ラッシャー自身のことをより多く語っていると言えるだろう。

最悪のゲストはミッチャムだ

正真正銘、最悪のゲストは誰かと聞かれたら、その答えは俳優のロバート・ミッチャムで決まりだ。

ミッチャムはジョン・ウェイン・タイプのタフで口数が少ない役を演じる俳優だ。しかし、それはあくまでも役柄だったはずだ。

とにかく、私はミッチャムに何も話してもらうことができなかった。私をからかっていたのか、機嫌が悪かったのか、夕食が腹にもたれていたのか……、実際のところは今でもわからない。

インタビューはこんな具合だった。

「ジョン・ヒューストン監督の作品に出演するのはどうでしたか？」

「よかったよ」

「彼の下で演じるのは、他の監督の下で演じるのとは違うわけでしょう？」

「いいや」

その後の質問には短い答え（と言うか、たった1語）しか返ってこなかった。「ああ」「いいや」「まあね」のいずれかである。

私は驚き、失望した。何よりも視聴者のために失望した。

個人的にも本当にガッカリした。子ども時代、友人と一緒にブルックリンに映画を観に通っていた頃、ミッチャムはぼくたちのヒーローだったのだ。

そんな彼が世間とはいっさいかかわり合いたくないといった態度を取ったのは、自分にとっても、視聴者のためにも、本当に残念なことだった。

ロバート・ミッチャムのエピソードから学ぶべき教訓とは？

しゃべらないと固く心に決めた相手にはしゃべらせることはできない、ということである。たとえトークの帝王でも、会話の達人でも無理なものは無理なのだ。

トーク番組の司会者なら、そのゲストは今後、絶対に呼ばないようにとプロデューサーに言うだけのことである。

あなたも、相手が話してくれなかったからといって、「何か私に問題があったのだろうか？」などと、自分を責める必要はない。別の話し相手を探せばいいだけなのだ。

第9章

テレビ・ラジオで生き残る「メディアでの話し方」

How to survive on TV and Radio

誰もがメディア対策の必要な時代だ。
もしもの時に備えておこう。

この章では、テレビやラジオなどのメディアでの伝え方について考えたいと思う。

有名人じゃないから必要ないって？

それはわからない。あなたはここまで本書を読んできたのだ。伝え方がうまくなったせいで出演を依頼されることがあるかもしれない。


もし、そうなっても、あわてる必要はない。

私は本書で「伝える」ということについて、大切なことをすべてまとめたつもりだ。

本書で身につけたテクニックがあれば放送業界で成功するのは夢ではないはずだ。

それに、**現代は誰もがメディア対策をしなければならない時代**だ。仕事やプライベートで、いつ取材を受けることになるかはわからない。

本章では、私がどういう姿勢と心がけでテレビやラジオに出演しているかについてお話しする。同時にテレビやラジオに出演する際の一般的なヒントをいろいろなエピソードを交えつつ紹介していこう。

私の心がけ1

一対一の人間同士として話す

私は『ラリー・キング・ライブ』は、ゲストと私がたまたまカメラの前で会話をしているのだと考えている。

ゲストと対決するタイプの司会者は多いが、検察官のようにゲストを問い詰めなくても、しっかりした中身のある答えを引き出せるというのが私の考えだ。

むしろ、**礼儀正しく1人の人間として向き合うことで、初めて役に立って、おもしろいインタビューができる**と考えている。

インタビューは、知識や情報を提供するものであるべきだ。何も伝えないのであれば、そのインタビューは無意味だったことになる。相手を追い詰めることで、無口にしてしまっては何もならない。

副大統領のダン・クエールから「娘が中絶を希望するなら、その考えを尊重する」という発言を引き出したインタビューのことはすでにお話しした。

私が彼からそのようなスクープ発言を引き出すことができたのは、彼の言葉にしっかりと耳を傾けていたからだということもお話しした通りである。

このインタビューにはまた別の意義があった。それは彼にも私にもプラスになる形で答えを引き出すことができたということだ。

インタビューの相手から答えを引き出すためには、粘り強く質問を続ける意志と、相手が不快に感じないように慎重に問いかける姿勢が大切なのだ。

ジョー・ディマジオ・ジュニアをインタビューした時も、同じような体験をした。マイアミでラジオ番組をやっていた頃の話だ。ある日、番組の最中にディマジオ・ジュニアが友達とスタジオに遊びに来たのだ。

当日、飛び入りゲストとして、ディマジオ・ジュニアが番組に出てくれることになった。アメリカ人で知らない人はいない超有名人を父に持ち（ジョー・ディマジオは30〜40年代を代表する野球のスーパースター）、同じ名前を持つ息子として生きることについて、30分ほど話を聞いた。

話が進むにつれ、彼と父親の関係に話が及んだ。私は、親子関係についての「究極の質問」を彼に投げかけた。

「お父さんのことを愛していますか？」

ディマジオ・ジュニアは長い沈黙の後、こう答えた。

「父が成し遂げたことを誇りに思っています」

「彼のことを愛していますか？」

再び長い間を置いて、彼は答えた。

「ぼくは父のことをよく知らないんです」


もし、この質問をインタビューの最初にしたなら、おそらくディマジオ・ジュニアは「もちろんです」といったごく普通の答えを返しただろう。

だが、私は、彼の気持ちに配慮しつつ、話を論理的に掘り下げた。そのインタビューの一環として「究極の質問」を投げかけたからこそ、彼は正直に、胸に迫る答えを返してくれたのである。

私の心がけ2 率直に質問する

私は、他の司会者ならばかげていると思うようなことでも、臆せずに質問してきた。他のニュースキャスターなら、決してしない質問を、全世界の視聴者の前でしてきたのだ。

１９９２年の大統領選では、ブッシュ大統領に「ビル・クリントンのことが嫌いですか？」と質問したこともある。

こんな質問は選挙戦とは何の関係もないと批判するジャーナリストは多い。だが、大いに関係があるのだ。ライバルについてどう考えるかを聞くことで、国家の最高責任者の人間的側面に触れることができる。

大統領だって人間である。そして、これは同じ人間である視聴者が知りたいと思っていることだった。だから、質問したのである。

ニクソン大統領には「ウォーターゲート・ビルの前を通る時は、妙な気分がするものですか？」と質問した。

レーガン大統領に最後にインタビューした時には、「撃たれるというのはどういう感じなのですか？」と質問した。1981年のレーガン大統領暗殺未遂事件について、他の記者なら別の質問をしただろう。だが、多くの人が、本音では私と同じ疑問を持っていたはずである。

弁護士のエドワード・ベネット・ウィリアムズは「法廷での質問は、すべて答えが最初からわかっている」と私に言った。実際、弁護士は裁判中に驚かされることを好まないだろう。

だが、**私は、すでに答えを知っていることについて、質問することはない。**私は視聴者と同じようにゲストの話に反応したい。最初から答えを知っていたら、それは不可能だ。

私の心がけ3 できる限りの予習をする

一般の方が、テレビやラジオに初めて登場するなら、司会者として質問する方ではなく、ゲストとして質問される方だろう。

もし、そうなったら、まず思い出すべきはボーイスカウトのモットーだ。「備えよ常に」を思い出して、事前の準備をしっかりやろう。

インタビューで肝心なのは、話の主導権を握ることだ。就職面接であれ、新聞の取材であれ、テレビ番組のインタビューであれ、同じことである。

話の主導権を握るためには、そのテーマについて徹底的に予習する必要がある。そして「相手より自分の方がこのテーマについては詳しい」と自分に言い聞かせてその場に挑むのだ。

私の心がけ4 質問に答える義務はない

報道の取材については、ひとつ知っておくべきことがある。それは「すべての質問に答える義務はない」ということである。そもそも、メディアの取材に応じる義務などないのである。

また、他の多くの場面と同様に、インタビューや取材で追い込まれた時にも、ユーモアでかわすという手が使えることを覚えておこう。

法廷の証人席に座っている時は別だが、そうでなければ質問に対する回答を強制されることはない。私をふくめて、誰の質問にも答える義務はないのだ。

法廷においても、記憶が不確かなら答えなくていい。どんなに緊張していても、後で自分自身や他の人の証言と一致しなくなるようなことを言うべきではない。覚えていないなら、そう言えばいいのだ。

記憶がないという理由で刑務所送りになることはない。その場にいなかったのなら、そう言えばいい。

ただし、これだけは覚えておこう。

実際はその場にいたのに「いなかった」と言うと、これは嘘だ。やっかいなことになる。恥をかくだけではなく、悪くすると刑罰の対象になる。

当然のことだが、法廷では必ず真実を言うべきだ。そして、それが真実であれば、臆せず「覚えていない」と言えばいいのである。

質問に答えたくない何かもっともな理由があれば、いくらでもかわすことができる。『ラリー・キング・ライブ』でも同じことだ。

質問をかわすいいフレーズを紹介しよう。企業幹部、政府の役人、有名人、そして放送業界の私の同僚たちも、こういったフレーズを使って質問をかわしているのである。

［答えたくない質問を交わすフレーズ］

「その質問にお答えするのは、時期尚早です」

「報告書を読んでいないので、お答えできません」

「裁判中ですので、コメントできません」

「近いうちに報告書を提出する予定です」

「仮定の質問にはお答えできません」

私の心がけ5 ノーコメントより正直に話す方がいい

報道の取材をかわすためのフレーズで最悪なのは、「ノー・コメント」である。

実は、この言葉は、以前はある程度の効果があった。しかし、今ではまったく役に立たなくなってしまった。**今日の社会では「ノー・コメント」は有罪を認めていることになりかねない**のだ。

「身に覚えがなければ、『ノー・コメント』なんて言わないはずだ。ちゃんと質問に答えるはずだよ」

こんなセリフは、ひどい脚本のテレビドラマでしか聞くことができないほどありふれた考え方になってしまった。

不愉快になることが最初からわかっているが、どうしても取材に応じなければならないこともある。そんな時は正直に話すのが最善の策だ。

広報対策をせずに信頼を取り戻したジョンソン・エンド・ジョンソン

1982年に何者かが解熱鎮痛剤のタイレノールに毒物を混入したことが発覚した時、製造元のジョンソン・エンド・ジョンソンは、被害状況を控えめに発表したり、事実を隠ぺいしようとはしなかった。すべてを正直に話すことを選んだのだ。

この時ジョンソン・エンド・ジョンソンが取った広報対策は、言ってみれば、「何も広報対策を取らないこと」だった。彼らはただ真実を話した。

その結果、消費者の信頼は回復した。ジョンソン・エンド・ジョンソンは率直な対応をしたということで、国民の尊敬を集めることになったのである。

言い訳をしなかったケネディ大統領

ジョン・F・ケネディ大統領も同じことをした。

1961年のキューバのピッグス湾侵攻が軍事的大敗に終わった時、ケネディは自分が全責任を負うことを選んだ。

この計画は前アイゼンハワー政権から引き継がれたものだったということ、そして、諜報活動に不備があったことを公表することもできたのだが、ケネディはそれをしなかった。ただ黙ってすべての責任を負ったのである。

私の心がけ6　すばやく最初のコメントを出す

マスコミ対策については、軍当局者もなかなかの強者《つわもの》である。

空軍では、平時に飛行機が墜落した際、所轄の担当官が迅速に声明を発表するように指導している。声明には次の2点を盛り込むことになっている。

1　事故は通常の訓練時に起きた。

2　事故調査委員会のメンバーの人選を開始した。

この2点を含む声明を早い段階で出すことで、空軍は国民の知る権利を尊重していて、積極的に責任ある対応を取ろうとしていることを伝えるわけだ。

すばやく声明を発表することで、非難や疑惑を抑え込み、実際に調査を始めるまで

の時間稼ぎをするという、裏の狙いもあるのである。

テレビ・ラジオ出演を成功させるには？

テレビやラジオへの出演を成功させるためのポイントをアドバイスしよう。すべて私自身の経験であり、放送業界の同僚たちから学んだことである。

［テレビ・ラジオの出演者への5つのアドバイス］

アドバイス1　自分が望まないことはしない

アドバイス2　時流に遅れないようにする

アドバイス3　ネガティブに考えない

アドバイス4　テレビもラジオも基本的には同じ姿勢で臨む

アドバイス5　「声」と「話し方」を改善する

アドバイス1　自分が望まないことはしない

そもそもインタビューを受けたくないなら、受けない方がいいのである。

突然、顔の前にマイクを突きつけられたら、前のページで紹介した《答えたくない質問を交わすフレーズ》を試してみよう。

テーマがピンとこなかったり、自分には知識が足りないと思ったら、インタビューを受けるのは止めておく方がよい。自分の代わりになる人の名前を推薦してもいいし「依頼する相手を間違えていますよ」と断るだけでも十分だ。

アドバイス2　時流に遅れないようにする

テレビやラジオに出演するなら、今、どんな番組や歌手や俳優に人気があるのかといったことは知っておこう。世間で話題のニュースについても、基礎的なことは知っておいた方がいい。

私が若い頃は、ティーンエイジャーはジルバに夢中になっていた。しかし、今ならロックやラップだろう。たとえ自分の好みではなくても、知識として知っておかねばならないのだ。

テレビやラジオに出演するということは「世間の話題に私も興味を持っていますよ」ということをアピールすることでもある。だから、クリントン大統領も音楽情報チャンネルMTVに出演したのだ。自分より若い世代や、彼らの親の世代の興味や関心に通じていることを示すために出演したのである。

アドバイス3　ネガティブに考えない

「うまくいかないかもしれない」などと考えていると、態度もネガティブになってしまう。**テレビやラジオに出演することは、世界の文明の流れを変えるような大事件ではない**、と自分に言い聞かせよう。

メジャーリーグで16年間大活躍し、現在はアナウンサーとなったジョン・ローウェンスタインは、現役選手時代に、決定的な場面でバントを失敗し、そのことについて記者から質問された。彼は、記者にこう答えた。

「いいかい、中国には10億人の人間が住んでいる。でも明日の朝、その中の誰1人として、俺がバントをミスしたことなんて知らないと思うよ」

実は、ローウェンスタインは球界を代表するユニークな賢人の一人だ。あなたも彼のように考えよう。余計な心配はするだけ無駄である。

アドバイス4　テレビもラジオも基本的には同じ姿勢で臨む

ラジオでは37年間仕事をした。私は、ラジオ番組でも、テレビ番組と同じようにゲストの目を見て話している。

テレビ番組でも、私はカメラを目で追いかけるようなことはしない。カメラの方が私を追うにまかせている。

違いがあるとすれば、テレビでは服装が大切だが、ラジオでは関係ないということだけだ。ラジオ番組では、ジーンズ姿のこともよくあった。テレビではワイシャツにネクタイとサスペンダーが私の制服だ。

アドバイス5　「声」と「話し方」を改善する

テレビでもラジオでも声が重要だ。「不公平だ！」と言いたくなる人もいるだろう。

確かに、本来はそうあるべきではないのかもしれない。しかし、現実は、そうなのである。声はその人の風格や説得力といったものを伝えてしまう。

美声でなくても放送業界で成功した人はいるが、彼らは、別の手段で声がよくないという弱点をカバーした例外だ（ちなみに、別の手段とは、巧みな話術、論点を明確に説明する能力、扱うテーマに関する十分な知識と深い情熱などである）。

私は幸運なことに、いわゆる放送向けの声を持って生まれてきたので、これまで声に関して悩む必要はなかった。しかし、この声を持っていなかったら、少しでも声がよくなるように努力したと思う。放送の世界でなくても声は成功を大きく左右する重要な要素だからである。

自分の声に改善の余地があると思ったなら、私はボイス・トレーナーを探すか、図書館で発声法の本を読むだろう。

ボイス・トレーニングや発声練習は実際に効果がある。これは、放送業界の多くの同僚たちが言っていることだ。声を改善することで、声を自分のキャリアの武器にすることは検討してみるべきだろう。

テレビやラジオで成功するには、自分の声の響きに慣れることも大切である。

テープに録音した自分の声を初めて耳にした時のことを覚えているだろうか。多分、あなたはこう思ったはずだ。「ワッ、ひどい声!」だと。

自分の声を初めて客観的に聞くと、誰もがそういう感想を持つのである。だからテレビやラジオに出演することになったら、あらかじめ自分の声に慣れておいた方がいい。

スピーチの練習をする時と同じ要領で、**質問を想定して答えを言ってみたり、誰かに頼んでリハーサルをしたりする**といいのだ。有名人や政治家も、テレビ出演や記者会見の前にはそうやって練習している。

そうやって、練習で自分の声に慣れると同時に、話す速度を決めよう。自分にとって自然で、落ち着いて話せる速度が望ましい。

こうして準備をしておけば、自信を持って本番に臨むことができる。説得力を持って、うまく話せる可能性がグンと上がるはずだ。

テレビでは身だしなみにも要注意

テレビに出演する場合は、外見が極めて重要だ。

見栄えのいいスーツやドレスを着て、身だしなみを整えよう。**爪を清潔にするといっ**

た基本的なことも忘れないように。

これだけは言っておきたい。テレビカメラは嘘をつかない。シャツの3番目のボタンが外れていたら、画面でもボタンは外れている。その日、あなたが車のオイル交換をして、爪の先が黒く汚れていたら、視聴者の目にも、爪は黒く映ってしまう。

カメラはあなたをありのままに映し出すのだ。

質問をユーモアでかわす

ケネディ大統領はユーモアで質問をかわす名手だった。

彼の政権下で、若い民主党員たちが政策に不満を唱えたことがあった。テレビの記者会見でこの件について質問を受けることになったケネディは、言葉を尽くして自分を弁護したりはしなかった。

そのかわりに、ケネディは笑顔でこう言ったのである。

「若い民主党員たちがなぜ不満を持っているのか知らないが、それは時間が解決して

くれるはずだよ」

彼は、**批判に対して守勢に立たなかった**のである。かわりに、若い党員の未熟さを指摘して、記者の笑いを取り、ケネディはそのラウンドに勝利したのである。

一方、ニクソン大統領は質問をうまくかわすことができない人だった。ウォーターゲート事件が深刻さの度合いを増していた頃、ニクソンはゴールデンタイムに全国放送される記者会見で、ニュースキャスターのダン・ラザーからある質問を受けた。

ニクソンは明らかにいらだった様子だった。**質問に対して率直に答えるか、答えたくないなら、無視して次の質問に移るべき**だった。そのかわりにニクソンはこう言い返したのである。

「君は立候補でもするつもりなのかね？」

それに対してラザーは「いいえ。あなたは立候補するつもりなのですか？」と切り返した。

ラザーが大統領を侮辱したと批判する視聴者もいたが、ニクソン大統領も合理的な質問には合理的な答えを返すべきだと批判された。

いずれにせよ、ニクソンがそのラウンドで敗北したということは誰の目にも明らかになってしまったのだ。

私の番組が政治の流れを変えた日

1993年、副大統領アル・ゴアと1992年の大統領選に出馬したロス・ペローは『ラリー・キング・ライブ』で対談を行った。この対談は「テレビで自滅する方法」を学ぶ見本のような対談となった。

この対談が実現したのは、私の自宅にかかってきた1本の電話がきっかけだ。

私が受話器を取ると相手はこう言った。

「もしもし、アルです」

「アル？」

「アル・ゴアです」

それでようやく相手が誰かわかった。

アル・ゴアはＮＡＦＴＡ（北米自由貿易協定）についてロス・ペローと対談したいのだと言った。

ＮＡＦＴＡは議会で採決されることが決まっていたが、推進する政権側の敗色は濃厚だった。どう見ても、ペローを含む反対派が優勢だったのだ。

政権内でも、ペローとの対決を望んでいるのはゴアと大統領だけだった。

「そんなことをしたら、ペローに食われるぞ」

「わざわざ全国放送の番組で、ペローに票を稼がせてやるのか」

「ペローはテレビに強い。おあつらえ向きの機会を与えるだけだ」

関係者全員から、こう反対されているとゴアは言った。

しかし、ゴアはＮＡＦＴＡについてペローより知識があった。討論の場での振る舞いも完璧だった。冷静さを失わず、礼儀正しく、まっすぐ相手の目を見て話した。自信を持って答え、相手を嘲るような態度を取ることもなかった。

それに対してペローは、ダメなテレビ出演の見本のようだった。

まず、ペローは、ゴアを甘く見て、事前の準備を怠っていた。そして、討論では、すぐに頭に血が上ってしまった。

普段彼は、サウンドバイトと呼ばれるわかりやすいキャッチフレーズを使う政治家を非難していたくせに、自分自身がその手段に頼ってしまった。

ボディ・ランゲージもよくなかった。彼は、大富豪で企業の経営者だ。だから人に反論されることに慣れていないのだろうと、視聴者に思わせた。

世間では、この対談はゴアの勝利に終わったと評価された。その勝敗を決めた要因のひとつはボディ・ランゲージだろう。

ゴアはペローの目を見て話した。一方ペローは、私の方に顔を向け、できるだけゴアと視線を合わせないようにしていた。

ゴアは落ち着いて、自信に満ちた態度だったが、ペローは好戦的で、いらだって見えた。

ゴアは確信を持った受け答えをしたが、ペローはゴアに文句を言い続けた。

視聴者の目には、ペローは知識も経験も不十分なまま討論の席についた人の典型に見えただろう。自分より、ずっと知識が豊富な相手に必死に挑んでいるように見えてしまったのだ。

負けたペローもまた見事だった

番組の4日後、私は偶然ペローと会った。

それまでの4日間、私は「『ラリー・キング・ライブ』は政治とテレビの歴史を変えた」「あの討論は本当にすごかった」などと絶賛され続けていた。

だから私は彼にこう言った。

「私が死んだら、記事の最初にあなたの名前が載るでしょう」

すると彼はこう返したのである。

「私の追悼記事には君の名前が載るだろうね」

ロス・ペローのよいところは、目を見張るほどのポジティブさだ。彼は今でもあの討論で自分が負けたとは思っていない。そして、その後はゴアにも私に対しても友好的だ。

テレビが政治を変える時代が来る!?

この日『ラリー・キング・ライブ』は、ケーブルテレビ史上最高の視聴者数を記録した。全米２５００万人が番組を見たのだ。

この数字で、私は自分が新しい扉を開けたことを知った。これからは、私の番組でもっといろいろなことが可能になるだろう。大統領が番組に出演して、政治家以外の人々と政治以外のテーマについて討論したがるようになるかもしれない。

ゴアとペローの討論は、テレビがいかに私たちの生活に影響を与えるかということをドラマティックな形で示すことになった。

これから先、政治がどのように行われるのかを「ラリー・キング・ライブ」が鮮やかに予見した——私はそう思っている。

翌１９９４年、私は人道的な課題に取り組んだ個人に贈られるスコーパス賞を授与された。その時、クリントン大統領が私に手紙をくれたのだが、手紙の中で大統領は、テレビと政治のあり方について言及していた。

「建国の父たちが今この時代に憲法を書いたなら、違うように書いたのではないか」

というユーモアのある文面だった。

「憲法は大統領が議会に定期的な報告を行うことを定めていますが『なぜそんなことを？』と思わざるをえません。今では、世界の現状を毎日評価することだって可能になったのですから。ＣＮＮの生番組でね」

これは、もちろん冗談半分のほめ言葉である。だが、将来のことはわからない。

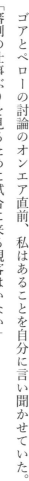

謙虚さを失ったら終わりだ

ゴアとペローの討論のオンエア直前、私はあることを自分に言い聞かせていた。

「審判の仕事ぶりを見るために試合に来る観客はいない」

これは、あらゆるスポーツの審判が心に留めておくべきことだ。

私は本番前に、いつもこれを自分に言い聞かせていた。ゴアとペローの討論の時も同じだった。

私は、私の司会ぶりを見るために番組にチャンネルを合わせる視聴者はいないということを理解している。視聴者が見たいのはゴアとペローだ。だから私は番組の最後まで控えめな態度を崩さなかった。


あなたも自分の仕事で、進行役を務めることがあるだろう。

もし、あなたが議長や司会をやることになったら「司会者は控えめに」という私のアドバイスを思い出してもらいたい。

実際、このアドバイスは、2人以上の人が賛否を話し合う場面なら、必ず役に立つはずだ。あなたが進行役を務めるなら、中立の立場で議論を進行させるのが大切だ。双方が同じだけ話せるように時間を調整し、議論がテーマから脱線しないように目を配ろう。

あなたがうまく司会役を務めれば、議論を尽くした後、意見を戦わせるために集まった人たちは、友として帰っていくことができるのだ。

最後に——「伝えること」の未来について

電子メディアで情報がやり取りされる時代になり「話す」「言葉で伝える」というコミュニケーション技術は、時代遅れになっていくと主張する人がいる。

私の意見は正反対だ。

私たちは新しいテクノロジーのおかげで、いろいろな方法で以前よりもたくさん話し、多くを伝えるようになっている。

私たちが人間である限り、会話はなくならない。

21世紀のテクノロジーがどれほど進化するとしても「私たちは、話さずにはいられない」と私は強く信じている。

新しいテクノロジーが続々と登場する時代で成功するために大切なのは「基本に立ち返る」ことではないだろうか。

コンピュータ・ネットワークを介してメッセージをやり取りしているのであっても、うまく伝えるための基本ルールを忘れてはいけないはずだ。コミュニケーションを取るという意味では、一つのテーブルで向かい合うのとまったく同じことをしているのだから。

どのようなメディアにおいても、正直に、率直に、熱意を持って話し、同時に相手の話に耳を傾けること——それが「伝え方の極意」であることに変わりない。

公民館で数人を相手に話すのも、衛星中継で世界を相手に話すのもスピーチの基本に変わりはない。事前に準備をし、聞き手のことを知り、簡潔に話すことを心がければ、必ずうまく話すことができる。

本書を書くことで、改めて「伝える技術」は努力によって磨くことができると確信を強めることになった。そして、そのために、本書が役に立つという確信も。

なぜ？

本書がすでに私の役に立っているからである。本書を書くことで、私は、これまで経験的に学んだり、無意識に使っていた「伝え方のテクニック」を自分のものとすることができた。
うまく話せるようになったと思っていても、実際には改善の余地はいくらでもある。そして、さらなる改善に努めれば、さらなる成功と自信を手に入れることができる。私のように何十年もプロとして話してきた人間も、練習して話し方を向上させることはできるし、練習を続けるべきなのだ。

私が「もっと話すことを練習したい」などと言うと、ハーブ・コーエンはうんざりするかもしれない。ハーブはかれこれ50年以上も私の練習に付き合わされてきたからだ。しかし、私はもう野球の試合の完全中継をすることはない。最近の試合は3時間以上続くことも珍しくないからである。彼は少なくともこの1点については、ほっとしているはずだ。

あなたの技術がどのようなレベルであれ、次のことを覚えておいてほしい。

1　話が苦手な人は、必ずうまく話せるようになる。

2 話が得意な人は、もっとうまく話せるようになる。

この本を読んでくれたあなたが、伝えることについて理解を深めてくれたなら、私は何よりもうれしい。

言葉は人類最大の発明である。私たちは伝えることによってお互いとつながりを持つことができる。伝えることは、人生が与えてくれる喜びなのだ。

ラリー・キング

“トークの帝王”ラリー・キングの

伝え方の極意

発行日　2016年9月10日　第1刷
2020年3月20日　第4刷

Author　ラリー・キング

Translator　ディスカヴァー編集部　翻訳協力：日向りょう　株式会社トランネット
Book Designer・DTP　小林祐司

Publication　株式会社ディスカヴァー・トゥエンティワン
〒102-0093　東京都千代田区平河町2-16-1 平河町森タワー 11F
TEL　03-3237-8321（代表）　FAX　03-3237-8323
http://www.d21.co.jp

Publisher　干場弓子
Editor　原典宏

Publishing Company
蛯原昇　千葉正幸　梅本翔太　古矢薫　青木翔平　岩﨑麻衣　大竹朝子
小木曽礼丈　小田孝文　小山怜那　川島理　木下智尋　越野志絵良　佐竹祐哉
佐藤淳基　佐藤昌幸　直林実咲　橋本莉奈　廣内悠理　三角真穂　宮田有利子
渡辺基志　井澤徳子　俵敬子　藤井かおり　藤井多穂子　町田加奈子

Digital Commerce Company
谷口奈緒美　飯田智樹　安永智洋　大山聡子　岡本典子　早水真吾　磯部隆
伊東佑真　倉田華　榊原僚　佐々木玲奈　佐藤サラ圭　庄司知世　杉田彰子
高橋雛乃　辰巳佳衣　谷中卓　中島俊平　西川なつか　野﨑竜海　野中保奈美
林拓馬　林秀樹　牧野類　松石悠　三谷祐一　三輪真也　安永姫菜　中澤泰宏
王廳　倉次みのり　滝口景太郎

Business Solution Company
蛯原昇　志摩晃司　野村美紀　藤田浩芳　南健一

Business Platform Group
大星多聞　小関勝則　堀部直人　小田木もも　斎藤悠人　山中麻吏　福田章平
伊藤香　葛目美枝子　鈴木洋子

Company Design Group
松原史与志　井筒浩　井上竜之介　岡村浩明　奥田千晶　田中亜紀　福永友紀
山田諭志　池田望　石光まゆ子　石橋佐知子　川本寛子　丸山香織　宮崎陽子

Proofreader　文字工房燦光
Printing　中央精版印刷株式会社

ISBN978-4-7993-1958-1